젊은이를 위해
요약한
구약성경 이야기

젊은이를 위해 요약한 구약성경 이야기

발행일	2015년 10월 28일

지은이	김 종 숙		
펴낸이	손 형 국		
펴낸곳	(주)북랩		
편집인	선일영	편집	서대종, 이소현, 김아름, 권유선, 김성신
디자인	이현수, 신혜림, 윤미리내, 임혜수	제작	박기성, 황동현, 구성우
마케팅	김회란, 박진관		
출판등록	2004. 12. 1(제2012-000051호)		
주소	서울시 금천구 가산디지털 1로 168, 우림라이온스밸리 B동 B113, 114호		
홈페이지	www.book.co.kr		
전화번호	(02)2026-5777	팩스	(02)2026-5747
ISBN	979-11-5585-743-4 03230(종이책)		979-11-5585-744-1 05230(전자책)

이 도서의 국립중앙도서관 출판예정도서목록(CIP)은 서지정보유통지원시스템 홈페이지(http://seoji.nl.go.kr)와
국가자료공동목록시스템(http://www.nl.go.kr/kolisnet)에서 이용하실 수 있습니다.
(CIP제어번호: CIP2015029466)

성공한 사람들은 예외없이 기개가 남다르다고 합니다.
어려움에도 꺾이지 않았던 당신의 의기를 책에 담아보지 않으시렵니까?
책으로 펴내고 싶은 원고를 메일(book@book.co.kr)로 보내주세요.
성공출판의 파트너 북랩이 함께하겠습니다.

The Old Testament Story For The Young

젊은이를 위해 요약한 구약성경 이야기

김종숙 지음

방대한 분량의 구약성경을 가장 쉽고 빠르게 이해할 수 있는
흥미 만점 요약본

북랩 book Lab

　　〈젊은이를 위해 요약한 구약성경 이야기〉는 큰누님 김종숙 권사의 일생의 신앙 고백이고, 후손들을 위해 남기는 믿음의 유산입니다.

　　처음 초고를 보게 되었을 때 놀라웠습니다. 7남매의 맏이이지만 형제 중 체구도 가장 작으시고, 일생 많은 저서와 역서를 남기신 작가이긴 하지만 신학을 한 분도 아닌 단지 평신도인 그가 이처럼 엄청난 일을 하셨다니 말입니다.

　　제일 먼저 소천召天하신 아버지 김상배 장로님의 생전 모습이 떠올랐습니다. 아버지는 평생 장로로서 성경을 통독하시고 교회를 섬기며 목사님과 함께 교우들 심방하기를 즐겨 하셨습니다. 그런 중에 자녀와 손들을 위해서는 이럴 때 이런 말씀을 보라고 〈성경 말씀 찾아보기〉를 유산으로 남기셨습니다.

큰딸인 김종숙 권사님은 돌아가신 아버지의 믿음의 상속자로서 요즘 젊은이들이 일상에 쫓겨 그 엄청난 분량의 구약성경을 통독하지 못하는 어려움을 아시고 사랑하는 후손들을 위해 성경을 이해하기 쉽게 요약하셨습니다. 큰누님의 크나큰 믿음에 머리 숙여 존경을 표합니다.

물론 〈젊은이를 위해 요약한 구약성경 이야기〉를 펴낼 수 있음은 온전히 성령의 인도하심이며 주님의 은혜임을 깨닫습니다. 부디 이 책을 통하여 많은 젊은이가 구약성경 말씀을 먼저 이해하고, 신약성경의 말씀으로 믿음이 성장해 가는 밑거름이 되기를 기도합니다.

2015년 10월
신암교회 김종훈 원로장로

머리말

　성경은 하나님의 말씀이다. 인간에게 주시는 구원의 약속이다. 태곳적부터 지금도 여전히 우리 삶의 길잡이이고, 마음의 양식이며, 나날을 새롭게 하는 생명수이다. 온 인류가 귀하게 여기는 책 중의 책이다.

　그럼에도 우리가 막상 성경을 펼쳐 놓고 통독하려 할 때, 그 방대함에 부담을 안게 된다. 쏟아져 나오는 인명과 지명에 당황하고, 중복되는 내용에 혼란스러워진다. 좌절하게 된다. 아니 읽고 또 읽고, 필사도 마다하지 않으며 한사코 매달리기도 한다.

　우리는 읽기 전에 잠깐 성경 전체를 조감해 보는 것이 좋을 것 같다. 신구약을 꿰뚫는 주제가 무엇인지 파악해야 한다. 우선 구약 창세기부터 에스더까지는 역사서, 욥기부터 아가까지를 시가詩歌서, 이사야부터 말라기까지를 예언서로 대별하여 염두에 둔다. 구약성경은 이스라엘 민족의 역사적인 행적을 통해 하나님 자신을 알리신다.

　약 400년 후에 이어지는 신약성경 첫머리 마태복음은 예수의 계

젊은이를 위해
요약한 구약성경 이야기

보로 시작되는데, 면면히 흐르는 신구약성경 66권의 핵심 주제는 바로 "아들 예수 그리스도를 통하여 이루신 구원의 계시"임을 알 수 있다. 신약성경은 예수의 행위·죽음·부활을 통해 하나님의 약속을 실현하신다.

바쁜 삶 속에서도 하나님을 향한 갈망을 안고 사는 사랑하는 나의 후손들에게, 그런 맥락에서 구약성경을 요약해 보았다. 무지와 만용으로 감히 나서 보았으나, 하나님의 영광을 가리는 일이 되지 않을지, 두려움과 망설임으로 오랜 시간 덮어 두었다. 하지만 성경 읽기에 한 사람에게라도 도움이 되었으면 하는 간절한 마음으로 부끄러움을 무릅쓰고 내놓는다.

유한한 인간은 온전하신 하나님의 사랑을 갈망한다. 하나님과의 바른 관계, 거기에서 기쁨을 발견하고 내 안에서 생수의 강이 흐르기를 희구한다. 우리 가운데 성령이 충만하시기를 기원하며, 감사드린다.

2015년 10월 저자

CONTENTS

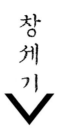

창세기

태초에 하나님이 천지를 창조 하시니라
내가 너로 큰 민족을 이루고 네게 복을 주어
네 이름을 창대하게 하리니

─ ─

모세가 오경(창세기·출애굽기·레위기·민수기·신명기)을 썼다는 것이 전통적인
견해이다. 그러나 오랜 시간을 두고 후대 사람들이 다른 자료들을 첨가 편집한
것으로, 솔로몬시대(B.C.970~930)에 이르러 완성된 듯하다.

태초의 이야기

창세기(創世記)는
천지 창조에서 족장 야곱과 요셉의 죽음까지를 담았다.
원초적인 역사 이야기에 그치지 않으며, 지금도 여전한 인류 공동
의 근본적인 문제를 다룬다.

▶ 천지 창조 1:1~2:4

하나님이 혼돈되고 흑암이 덮인 심연을 향해 '빛이 있으라'고 하
신다. 이것이 창조의 시작이다. 밤과 낮 그리고 하늘, 땅과 바다·식
물, 천체, 물고기·새, 짐승, 마지막으로 '자신의 형상대로 사람을 창
조'하셨다. 이 일을 완성하신 일곱째 날은 안식일로 정하신다. 하나
님의 말씀으로 혼돈에서 세계가 탄생한 것이다. 모든 것은 보시기
에 좋았으며, 자신의 형상을 닮은 인간에게 세계를 맡기신다.

▶ 인간의 타락 2:4~3:24

여호와 하나님이 사람(아담)을 흙으로 만드시고 생기를 그 코에
불어넣으시니 생물이 되었다. 사람을 에덴에 두시고 남자에게서 취
한 여자로 그를 돕게 하셨다. 여자가 뱀에게 속아 먹어서는 안 된다
고 명하신 '선악을 아는 나무' 열매를 먹고, 남자에게도 준다. 그들
은 벌거벗은 것을 알게 된다.
명령을 어긴 벌로 하나님은 뱀과 여자가 원수가 되게 하시고, 남
녀의 대립, 해산의 고통, 노동의 가혹함, 그리고 '사람은 흙에서 취했

으므로 흙으로 돌아간다'고 정하신다. 아담과 하와는 에덴에서 추방된다. 그러나 하나님은 아담과 그의 아내를 위해 가죽 옷을 지어 입히신다.

▶ 가인과 아벨 4

아담과 하와의 아들인 가인은 하나님께 바치는 제물 때문에 격분하여, 양을 치는 동생 아벨을 죽이고 만다. 가인은 지상의 방랑자가 되어 에덴의 동쪽 놋 땅에 거주한다.

하나님은 아담에게 셋째 아들 셋을 주신다. 하나님과의 관계를 회복하기 위해서다. 셋 계열에서 노아가 탄생한다.

▶ 대 홍수 6~9

사람이 불어나고, 악이 땅에 만연하자 여호와는 사람을 만든 것을 후회하여 지상에서 멸망시키려 하신다. 다만, 의인 노아와 세 아들을 포함한 그 가족은 여기서 제외된다. 생물도 방주에 들여 보존하게 하신다.

40일 40야 계속해서 내린 홍수 끝에, 방주는 아라랏 산에 머문다. 방주에서 나온 노아의 가족은 여호와께 번제를 드렸다. 여호와는 그 향기를 맡으시고 "내가 다시는 사람으로 말미암아 땅을 저주하지 아니하리니 이는 사람의 마음이 계획하는 바가 어려서부터 악함이라"라고 하신다. 그리고 다시는 홍수로 멸하지 않겠다는 언약의 증거로 무지개를 두셨다.

그러나 홍수라는 벌로도 악을 불식할 수는 없었다. 노아의 아들 셈·함·야벳은 셈 민족, 애굽 및 가나안 백성, 불레셋·그리스 민족을 이룩한다. 하나님은 셈 계열에서 아브라함을 택하신다.

▶ 바벨탑 11

사람들은 바빌로니아 평지에 성읍을 만들고 벽돌로 높은 탑을 쌓아, 그 꼭대기를 하늘에 닿게 하여 유명해지려고 한다. 족속이 하나요, 언어가 같기 때문이라고 생각하신 여호와는 말을 혼잡하게 하여 그들을 온 땅에 흩으셨다. 그래서 그 이름을 바벨(하늘의 문)이라고 한다.

족장(族長) 이야기

12장부터는 족장 이야기이다. 곧 이스라엘 역사의 시작이다. 이스라엘의 시조 아브람의 아버지 데라는 갈대아의 우르 출신이며 유프라테스 강 상류 하란지방에 살았다. 여호와는 아브람에게 "고향과 친척과 아버지의 집을 떠나 내가 네게 보여줄 땅으로 가라 내가 너로 큰 민족을 이루고 네게 복을 주어 창대케 하여 땅의 모든 족속이 너로 말미암아 복을 얻을 것이라"라고 명하신다.

이것은 족장 이야기를 일관하는 주제이며, 아브람의 세대를 넘어, 자손에게 크나큰 미래를 약속하는 것이다.

▶ 아브람의 출발 13

아브람은 여호와의 말을 따라, 75세 때 아내 사래와 조카 롯을 데리고 하란을 출발하여 가나안으로 이주하였다. 기근 때문에 아브람은 애굽으로 옮기는데, 사래를 아내라고 하면 자기를 죽일까 두려워 누이라고 속인다. 바로는 그녀를 궁으로 끌어 들였으나, 남편이 있다는 것을 알고 아브람에게 돌려보낸다.

아브람 일행은 애굽에서 벧엘로 향하였고, 롯은 갈라져 요단 저지의 소돔을 거류지로 정했다.

▶ 아브람과의 언약 15

아브람에게 자손이 없어, 양자를 얻었으나, 여호와는 아브람에게 '네 몸에서 난 자가 네 상속자가 되리라'고 약속하신다. 자손이 뭇별과 같이 불어난다는 하나님의 말씀을 믿은 아브람은 의롭다는 인정을 받는다.

▶ 아브람을 아브라함으로 개명 17

아브람이 99세 때 "내가 너를 여러 민족의 아버지가 되게 하리라"는 명에 따라 아브라함이라고 개명하신다. 그리고 할례가 계약의 표징이라고 명하셨다. 사래도 사라(민족의 어머니)라고 개명하게 하시고 아들의 출산을 예고하신다. 아브라함은 90세 여성이 아이를 낳을 수 있을까 엎드려 웃는다.

▶ 소돔과 고모라 18~19

여호와는 환락의 도시 소돔과 고모라를 멸하기로 결심하신다. 여호와의 사자는 소돔에 있는 롯에게 가족과 함께 소돔을 탈출하라고 재촉하며, 뒤를 돌아보지 말라고 명한다. 하늘에서 유황과 불

젊은이를 위해
요약한 구약성경 이야기

이 비 같이 내리고 저지대의 성들은 모두 멸하였으며, 롯의 아내는 뒤를 돌아보아 소금 기둥이 되었다.

▶ 이삭의 탄생과 번제 21~22

여호와가 예고하신 대로 사라는 남아 이삭을 낳았다.

이삭이 성장했을 때, 하나님은 아브라함에게 "네 사랑하는 독자 이삭을 데리고 모리아 땅으로 가서 그를 번제로 드리라"라고 명하신다.

그들이 출발하여 사흘 길을 가는 동안, 부자간에 주고받은 대화는 단 한 번뿐이었다.

"내 아버지여 불과 나무는 있거니와 번제할 어린 양은 어디 있나이까"

"내 아들아 번제할 어린 양은 하나님이 자기를 위하여 친히 준비하시리라"

이 과묵함은 아브라함의 순종의 결단이 얼마나 숙연한 것이었는지 짐작하게 한다.

아브라함이 제단을 쌓고 이삭을 결박하여 칼을 잡고 그 아들을 잡으려 할 때, 여호와의 사자가 "그 아이에게 네 손을 대지 말라 네 독자까지도 아끼지 아니하였으니 내가 이제야 네가 하나님을 경외하는 줄을 아노라 내가 네게 큰 복을 주고 너의 자손을 번성하게 하여 하늘의 별처럼 바닷가의 모래와 같게 하리라"라고 하신다.

아브라함 뒤 수풀에 친히 준비하신 숫양 한 마리가 있었다.

이삭은 그 탄생도 기적이었으나, 죽기까지 아버지에게 순종한 그리스도의 모습을 그에게서 엿볼 수 있다. 또 이것은 하나님이 독생자 예수를 제물로 내놓으시는 구원 사역의 예표로 생각할 수 있다.

▶ 사라의 죽음 23

사라는 헤브론에서 죽었고, 아브라함은 그녀를 매장하기 위해 헷 족속 에브론에게서 동굴을 구입한다. 그때까지 거류민으로 떠돌던 아브라함은 그때에야 비로소 자신의 토지를 소유하게 되었다.

이처럼 자손과 토지를 주신다는 하나님의 약속이, 사라의 위난과, 친자 이삭에 의해 성취되어 간다. 믿음의 아버지 아브라함의 신앙으로 일관되는 이야기이다.

▶ 에서와 야곱의 탄생 24~27

아브라함은 늙은 종에게, 자기 고향 자기 족속 중에서 이삭을 위해 아내를 구해 오라고 당부한다. 그는 리브가를 데리고 돌아온다.

이삭과 리브가 사이에서 쌍둥이 에서와 야곱이 태어난다. 그들은 성장하여 에서는 사냥꾼으로 들 사람이 되고, 야곱은 조용한 사람이라 장막에 거하였다. 사냥에서 피곤한 몸으로 돌아온 에서에게서 야곱은 팥죽 한 그릇으로 장자의 특권을 얻어낸다.

이삭이 연로하여 눈이 보이지 않게 되었을 때, 그는 맏아들 에서에게 네가 사냥한 요리가 먹고 싶다고 했다. 그가 사냥하러 간 동안, 이 말을 엿들은 야곱의 어머니 리브가는 이삭이 즐기는 별미를 만들었다. 야곱은 그녀가 만든 요리를 들고, 에서의 좋은 의복을 입고, 털이 많은 에서처럼 손과 목에 염소 새끼의 가죽을 감고서 이삭 앞으로 갔다. 이삭은 야곱을 만지며 '음성은 야곱의 음성이나 손은 에서의 손이다'라고 하며 그를 축복한다. 두 번이나 속은 에서는 격분하였고, 야곱은 리브가의 오라버니 라반에게로 피하였다.

▶ 벧엘 28

야곱이 라반에게 가는 도중 한 곳에 이르러 해가 지니 돌을 베개 삼아 잠이 들었는데, 사닥다리를 오르내리는 하나님의 사자 꿈을 꾼다. 여호와가 나타나 토지와 자손의 약속을 하신다. 잠에서 깬 야곱은 "두렵도다 이곳이여 이것은 다름 아닌 하나님의 집이요 이는 하늘의 문이로다"라고 말하며, 돌베개로 기둥을 세우고 그 곳 이름을 벧엘이라고 하였다.

▶ 라반과 야곱 29~33

외삼촌 라반 밑에서 근면하게 일한 야곱은 라반의 딸들 레아와 라헬과 결혼하여 자식을 얻었다. 20 년 후 그는 가나안으로 돌아온다. 돌아가는 도중 야곱은 얍복 나루에서 어떤 사람(하나님)과 씨름을 하여 이긴다. 그 사람은 야곱의 이름을 이스라엘로 개명하라고 한다. 하나님과 싸워 이겼기 때문이다. 야곱은 그곳 이름을 브니엘(하나님의 얼굴)이라고 하였다. '얼굴과 얼굴을 마주하여 하나님을 본 내가 살아있기' 때문이었다.

야곱의 아들은 12명이다. 하나님이 야곱의 아내 라헬의 소원을 들으시어 요셉을 주셨다. 그들은 이스라엘 12부족의 선조이며 모계에 따라 그 관계를 알 수 있다.

요셉 이야기

37장부터 50장에 이르는 《요셉 이야기》는 짧은 설화를 모아 정리한 족장이야기와 달리, 그것 자체로 완전한 한편의 〈소설〉이라고 할 수 있다.

요셉은 형들과 밭에서 곡식 단을 묶었다. 그런데 자신의 단을 에워싸고 형들의 단이 절을 하는 것이다. 또 해와 달과 11개의 별(양친과 형들)이 자기에게 절하는 것이다. 꿈이었다. 형들에게 꿈 이야기를 했다. 형들이 시기하여 세겜 광야에서 요셉을 이스마엘 상인에게 팔았고, 그는 애굽으로 끌려갔다.

요셉은 바로의 친위대장 보디발에게 팔려갔는데 '여호와가 그와 함께 하시므로' 주인의 은혜를 입어 가정 총무가 된다. 주인의 아내가 그를 유혹하므로 이를 거절하니, 오히려 누명을 쓰고 감옥에 간힌다. 그는 감옥에서, 투옥된 술 맡은 관원장과 떡 굽는 관원장이 꾼 꿈을 해몽해 준다. 그가 해몽한 대로 술 맡은 이는 복직이 되고, 떡 굽는 이는 사형에 처해진다.

바로는 '살진 일곱 마리 암소를 흉하고 파리한 암소 일곱 마리가 먹은' 꿈과, '충실하고 무성한 일곱 이삭을 가늘고 마른 일곱 이삭이 삼킨' 꿈을 꾸었다. 그러나 애굽의 현인과 점술가는 아무도 그 꿈을 해몽할 수 없었다. 요셉을 생각해낸 술 맡은 관원장의 진언으로, 요셉은 옥에서 나와 '일곱 해의 풍년 후 일곱 해의 흉년이 드므로 이를 위해 대비하라'고 바로에게 말한다.

바로는 이 명철하고 지혜있는 요셉을 애굽의 총리로 세웠다. 요셉은 풍작 때에 곡식을 비축하여 기근 때에 백성에게 공급했다. 이윽고 심한 기근은 가나안에도 미치고, 사람들은 애굽으로 곡식을 사러 갔다. 그 중에 요셉의 형제들도 있었다.

요셉은 자기 앞에 엎드려 절하는 형들을 알아보고도, 너희들은 정탐꾼이라고 엄하게 말한다. 그들은 정탐꾼이 아니며, 동생 하나는 없어졌으나 아버지와 막내는 가나안에 있다고 변명한다. 요셉은 그들을 감옥에 감금한다.

사흘 후, 요셉은 이번에는 곡식을 주겠지만 한 사람을 인질로 남기고 막내를 데리고 오라고 한다. 형제들은 요셉에게 행한 자신들의 죄값을 치르게 된 것이라고 말한다. 요셉은 곡식 자루 속에 그들의 돈을 도로 넣어 준다. 집으로 돌아온 그들은 그것을 발견하고 두려워한다.

곡식을 다 먹은 그들은 베냐민을 데리고 다시 요셉에게 가야만 했다. 베냐민은 요셉의 어머니 라헬이 낳은 친동생이다. 베냐민을 본 요셉은 반가운 나머지 다른 방으로 가 울음을 터뜨린다. 요셉은 청지기에게 명하여 식량과 그들의 돈을 자루에 넣게 하고, 자신의 은잔도 넣어 그들을 돌려보낸다.

그들은 돌아가다 잡혀왔다. 그 은잔이 누구에게서 발견되든 종이 될 것을 약속하는데, 베냐민에게서 나왔다. 이때 '만일 막내가 돌아가지 않으면 아버지는 죽을 것입니다. 저 아이 대신 나를 종으로 삼으라'고 유다가 간청하니, 요셉은 더 이상 자제할 수 없어 내가 요셉이라고 밝힌다.

마침내 야곱도 애굽으로 불러 함께 살게 되었다. 흉년은 아직 5년이나 남아있었다. 야곱의 가족 70명은 애굽으로 들어가 고센 땅에서 약 400년 동안 살면서 큰 민족을 이룩했다. 요셉은 말한다. "당신들은 나를 해하려 했으나 하나님은 그것을 선으로 바꾸사 오늘과 같이 많은 백성의 생명을 구원하게 하시려 하셨나니"(50:20). 이것이 요셉 이야기를 일관하는 주제이다.

젊은이를 위해
요약한 구약성경 이야기

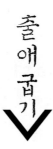

출애굽기

나는 너를 애굽 땅, 종 되었던 집에서 인도하여 낸
네 하나님 여호와니라

- -

모세의 저작으로 알려졌다. 연대는 B.C.15세기로 거슬러 올라간다.

하나님은 이스라엘 민족을 하나님 나라 백성를 만드시는 좋은 장소로 애굽을 택하셨다.

출애굽기(出애굽記)는 이스라엘 민족이 모세에게 이끌리어 애굽을 탈출하고 홍해의 기적을 거쳐, 시내 산에서 '십계명'이 수여되는 민족 공동체 이야기이다.

애굽 탈출

▶ 모세 1~4

야곱의 아들들은 요셉의 초청으로 애굽에 살면서 그 자손의 수가 증가하여 강력한 민족이 되었다. 그 후 요셉이 해낸 업적을 모르는 왕들이 등장하여 이스라엘 민족을 압박하였다.

바로 왕은 이스라엘 민족이 사는 나일강 델타지대에다 창고의 도시 비돔과 라암셋을 건설하면서 이스라엘 민족에게 강제 노동을 시켰다. 노예화하였다.

또 왕은 나날이 창대하는 이스라엘 민족의 인구 증가를 막기 위해 산파들에게 사내아이는 죽이라고 했다. 그녀들은 하나님을 두려워하여 명령에 따르지 않았다. 왕은 남자 신생아는 나일 강에 던지라고 명령했다.

레위 가족 중 하나가 남아를 출산하여 3개월 동안 숨겨오다가 더 이상 숨길 수 없어, 갈대 상자에 넣어 나일강 가 갈대 사이에 띄워 놓았다. 목욕하러 나온 바로의 딸이 이를 발견하여 양자로 삼고 이름을 모세라 하였다.

장성한 모세는 어느 날 강제노동 현장에서 동포 하나를 학대하는 애굽 사람을 살해하였다. 그는 국 외로 도망쳐, 유목민들이 사는 미디안의 이드로 제사장 집에서 여러 해를 지낸다. 그 동안 그는 이드로의 딸 십보라와 결혼하여 두 아들을 낳았다.

모세가 장인의 양 떼를 치던 어느 날, 하나님의 산 호렙(시내)으로 오게 된다. 그런데 불타는 떨기나무 불꽃 가운데서 "모세야, 모세야"하고 부르는 하나님을 만나게 된다. 하나님은 애굽에서 고통당하는 이스라엘 민족을 인도하여 가나안으로 데리고 나오라고 명령하신다. 모세는 주저한다.

그러자 하나님은 "내가 반드시 너와 함께 있으리라"라고 약속하셨다. 모세는 하나님의 이름을 묻는다. 하나님은 "나는 스스로 있는 자, 너희들의 조상의 하나님, 아브라함의 하나님, 이삭의 하나님, 야곱의 하나님인 여호와다. 이것은 영원한 나의 이름, 나의 칭호이다"라고 대답하신다.

그래도 모세가 불안해했으므로, 하나님은 기적을 보이셨고, 백성을 설득할 수 없다고 주저하는 모세에게 너의 형 아론이 너의 입이 되어 너를 도울 것이라고 약속하신다. 모세는 처자와 함께 애굽으로 돌아온다. 도중에 아론과 만난 모세는 애굽에서 장로들을 모아 이 모든 말씀을 전하고, 백성 앞에서 이적을 행하니 그를 믿었다.

▶ 애굽 왕과의 타협 및 기적 5~11

모세와 아론이 바로에게 가서 "우리로 광야에 가서 여호와의 절기를 지내게 하라"하고 출국 허가를 요구했으나, 왕은 "여호와란 대체 어떤 자냐? 노동하는 것이 싫어서 하는 소리인가"하며 오히려 가혹하게 노동량을 증가시켰다. 이스라엘 민족도 모세와 아론을 불신하게 되었고, 그들 자신도 하나님을 향해 탄식하였다.

여호와는 모세와 아론에게 말씀하셨다. "바로가 이적으로 증거를 보이라고 하면, 네게 준 지팡이를 그의 앞으로 던져라. 그것은 뱀이 된다."

그들은 바로 앞에서 그대로 하였는데, 애굽의 마술사도 똑같이 지팡이를 던져 뱀이 되게 하였다. 그러나 모세의 지팡이가 그들의 지팡이를 삼켜버린다. 그래도 바로의 마음은 완강하여 그들의 하는 말을 듣지 않았다.

또 나일강의 물을 피로 변하게 하고, 개구리, 이, 파리를 들끓게 하며, 돌림병으로 가축을 치고, 악성 종기를 유행시키고, 우박과 메뚜기가 땅을 덮게 하며, 흑암이 사흘 동안 온 애굽을 덮어 공포에 떨게도 하였다. 모두 10회에 걸쳐 바로를 위협했으나 왕은 거부하거나, 일단 약속은 하지만 변심하여 결국은 효과가 없었다. 하나님이 바로의 마음을 완강하게 하셨기 때문이다.

▶ 애굽 탈출과 유월절 12~15

하나님은 최후의 재앙을 애굽에 내릴 것이니, 그 때에 탈출할 수 있도록 준비하라고 모세에게 명하신다. 이스라엘 민족은 하나님이 명하신대로 각 가족마다 어린양 한 마리를 잡아 그 피를 좌우 문설주와 인방에 바르고 아침까지 문밖에 나가지 않았다. 여호와가 애굽 사람과 가축의 처음 난 것을 치셨으나, 피를 바른 문은 지나쳐 이스라엘 민족은 살아남았다. 이 일을 안 바로는 마침내, 이 재앙을 가져오는 민족을 서둘러 나라 밖으로 퇴출하게 하였다. 이스라엘 자손이 애굽에 거주한 지 430년만이다.

이 사건은 이스라엘의 가장 중요한 제사 '유월절'로 축하하게 된다.

애굽을 탈출한 민족은 애굽과 팔레스틴을 잇는 가까운 국도로 가지 않고, 홍해를 따라 광야 길로 갔다. 여호와는 낮에는 구름 기둥으로 밤에는 불 기둥으로 백성을 인도하셨다.

한편 바로는 또다시 생각을 바꾸어 전차와 기병을 이끌고 이스라엘 민족을 추적하였다. 애굽 군대가 가까이 온 것을 안 백성은 두려워하였으나 모세는 이들을 진정시킨다. 모세가 여호와께서 명하신 대로 지팡이를 들어 손을 바다 위로 내미니, 여호와는 밤새도록 강한 동풍으로 바닷물을 물러나게 하시어 백성은 물벽을 이룬 바다 가운데를 걸어갔다. 애굽군이 추적하므로, 모세가 또 손을 바다 위에 내밀자 바닷물이 역류하여 군대를 바다 가운데 엎으셨다. 아론의 누이 미리암은 다음과 같은 노래를 불렀다.

너희는 여호와를 찬송하라

그는 높고 영화로우심이요
말과 그 탄 자를 바다에 던지셨음이로다

▶ 광야 여행 16~18

그들은 수르 광야를 향해 떠났는데, 물이 써서 마실 수 없었다. 모세가 한 나무를 우물에 던지니 물이 변하여 달았다. 다시 2개월이 지나 이번에는 식량이 동이 났다. 백성들은 우리들이 애굽에서는 고기 가마 곁에 앉아 떡을 배불리 먹었건만, 이제 주려서 죽게 되는구나 하고 불평하였다. 그러자 여호와는 "보라 내가 너희를 위하여 하늘에서 양식을 비같이 내릴 것이라"라고 약속하셨다. 그것이 만나이다. 저녁이 되자 메추라기가 날아와 진을 덮었다. 백성들은 각자 먹을 만큼 모았다.

시내 산의 언약과 율법 수여

이스라엘 자손이 애굽 땅을 떠난 지 삼 개월이 되던 날 그들이 시내 광야에 이르렀다.

▶ 하나님의 강림 19

백성들은 시내산 앞에 장막을 쳤다.

여호와는 모세에게 말씀하셨다. "백성들에게 몸을 성결하게 하고 준비하도록 명하라. 사흘째 되는 날 나 여호와가 시내 산으로 내려가기 때문이다" 사흘째 되는 아침 우레와 번개와 빽빽한 구름이 산

위에 있고, 나팔 소리가 크게 울리니 시내 산에 연기가 자욱하였다. 그리고 여호와가 불 속에서 산 위로 내려오시어 모세를 산꼭대기로 부르시고 십계명을 주셨다.

▶ 십계명 20

나는 너를 애굽 땅, 종 되었던 집에서 인도하여 낸 하나님 여호와니라.

나 외에는 다른 신들을 네게 두지 말라.

너를 위하여 새긴 우상을 만들지 말고 그것들에게 절하지 말라.

너는 네 하나님 여호와의 이름을 망령되게 부르지 말라.

안식일을 기억하여 거룩하게 지키라.

네 부모를 공경하라.

살인하지 말라.

간음하지 말라.

도둑질하지 말라.

네 이웃에 대하여 거짓증거하지 말라.

네 이웃의 집을 탐내지 말라.

▶ 언약의 기록 21~23

출애굽기 24장 8절을 기초로 한 '언약의 기록'이라고 하는 이 부분은 주로 제사의식에서 쓰이는 십계명과는 달리, 확실하게 가나안에 정주한 생활 상태를 전제로 한 구체적인 법이다.

언약의 기록은 제단에 관한 법, 노예에 관한 법, 생명에 관한 법,

상해사건에 관한 법, 재산손해에 관한 법, 그 밖의 법, 소송에 관한 법, 제사의식에 관한 법(이것은 이스라엘 3대 제사 무교절·칠칠절·수장절의 규정을 포함한다), 그리고 후기로 나뉜다.

▶ 언약의 체결 24

모세가 받은 십계명 및 모든 법을 백성에게 고지하니, 백성은 "우리가 여호와의 모든 말씀을 준행하리이다"라고 응답하였다. 모세는 여호와의 말씀을 기록하고, 산 아래에 제단을 쌓아 이스라엘 12 지파대로 열두 개의 기둥을 세워 번제와 화목제를 드렸다. 그 후 장로들 70인이 산에 올라가 하나님 앞에서 회식을 하였다. 여호와는 모세에게 "내가 율법과 계명을 친히 기록한 돌판을 네게 주리라" 하시므로, 모세는 하나님의 산에 올라가 40일 40야를 산에 있었다.

▶ 성막에 관한 규정 25~31

25장부터 성막 건설을 위한 상세한 기록이 시작된다. 성막은 하나님이 필요한 때 내려가시어 명령을 내리는 장소였다.

성막에 관한 규정은 건설을 위한 준비, 언약판(십계명) 수납궤의 치수, 상, 등잔대, 성막, 제단과 안뜰의 치수, 제사장의 옷, 분향단의 치수, 성막세, 놋 물두멍, 향기름, 향 만드는 법, 기술공의 지명, 안식일 등 여러 규정을 포함한다.

▶ 금송아지 32~40

모세가 산에서 내려옴이 더디므로, 불안해하는 백성들에게 아론은 금 세공을 공출시켜 금송아지의 형상을 만들었다. 백성들이 그

앞에서 뛰노는데 모세가 돌아왔다. 분노가 폭발한 그는 들고 있던 십계명 판을 깨뜨리고, 금송아지를 부수었다. 여호와는 후에 다시 돌판을 써서 주셨다.

모세가 명을 받은 대로 성막을 만드니, 구름이 회막에 덮이고 여호와의 영광이 성막에 충만하였다.

레
위
기

나는 너희의 하나님이라 내가 거룩하니 너희도
몸을 구별하여 거룩하게 할 지어다

저자를 모세로 볼 때의 연대는 B.C.1400년경이나 다른 편집자나 저자들의 기록으로 볼 때는 B.C.600년경이 될 것이다. 하나님을 닮아가야 하는 성민에게 그 방법을 제시하는 책이다.

하나님께서 열두 지파 가운데 레위 지파를 택하여 제사장 역할을 하게 하셨다.

레위기(레위記)는 율법의 중심이며 이스라엘 사람들의 생활 규범이 되었는데, 레위인(하급 제사장)에 관한 규정이 많아 레위기라고 한다.

레위인과 희생 제사

▶ 제물에 관한 규정 1~7

이것은 제물의 종류와 봉헌방법, 제사장에 의해 실시되는 세목으로 나뉘며, 번제(燔祭)·소제(素祭)·화목제(和睦祭)·속죄제(贖罪祭)·속건제(贖愆祭)로 대별된다.

번제: 흠 없는 수컷으로 소, 양, 염소, 비둘기 중 어느 하나를 불살라 향기로운 냄새를 바친다.

소제: 고운 가루에 올리브기름과 향료를 섞어, 누룩을 넣지 않은 무교병이나 무교전병을 불살라 향기로운 냄새를 바친다.

화목제: 수컷과 암컷의 소, 양, 염소의 지방, 신장, 간장을 불살라 향기로운 제물로 바친다.

속죄제: ㉠ 부지중에 여호와의 계명을 위반했을 때, 하나님과의 거룩한 관계를 되찾기 위해서, 대제사장과 회중이 죄를 범했을 때는, 흠 없는 소의 기름과 신장과 간장을 불살라 드린다. ㉡ 알면서 경솔한 맹세를 했을 때는 암양, 암염소, 비둘기, 밀가루 중 하나를 바쳐 제사장이 속죄의 의식을 행한다.

속건제: 성소 또는 이웃에게 손해를 입혔을 때 배상 제물로 숫양을 바친다. 제사장 또는 피해자에게 5분의 1의 배상을 한다.

▶ 제사장 위임의 규정 8~10

출애굽기 29장과 40장에서 명령하신 대로 모세는 아론과 그 아들들을 제사장에 임명한다. 성별된 제사장은 회막 입구에서 7일 동안 머물면서 근무하였고, 그 다음날은 아론이 1~7장에서 명하신 제물을 제사장과 회중을 위해 바치며 회중을 축복한다.

▶ 정한 짐승과 부정한 짐승의 규정 11~15

굽이 갈라지고 새김질하는 동물과 지느러미와 비늘이 있는 물고기는 먹을 수 있다. 쥐, 큰 도마뱀, 맹금류, 박쥐는 먹을 수 없다. 곤충은 메뚜기 외에는 피해야 한다.

▶ 속죄일을 위한 규정 16

1년 중 가장 중요한 날이 속죄일이다. 하나님이 백성 가운데서 자신의 거룩하심을 나타내시기 위함이다.

대제사장은 수송아지를 자기 자신을 위해 속죄의 제물로 바친 후, 두 마리의 염소 중 하나를 제비로 뽑아 여호와를 위해, 하나는 '아사셀을 위한 것'으로 정한다. 제사장은 양 손을 아사셀의 염소 머리에 얹고, 그 위에 이스라엘의 죄를 고백하며, 염소는 죄를 짊어지고 광야로 추방된다.

▶ 성결 법전 17~26

이 명칭은 자주 되풀이된다. "나(여호와)는 거룩하므로 너희(회중)도 거룩하여야 한다"에서 유래한다.

젊은이를 위해
요약한 구약성경 이야기

짐승은 지정된 장소에서 잡고, 그 피를 이교도의 제단에 뿌려서는 안 된다. 또 피를 먹어서도 안 된다. "모든 육체의 생명은 피에 있음이라".

또한 부자연스러운 성관계(특히 대가족에서 일어나기 쉬운)를 가져서는 안 된다.

이웃에 대해 부정을 행해서는 안 된다. "네 이웃을 네 몸과 같이 사랑하라". 십계명과 유사한 신학적 윤리적 계율은 많으나 통일성은 보이지 않는다.

몰렉에게 자식을 주는 자, 접신한 자, 박수무당을 따르는 자, 간음하는 자는 돌로 쳐 죽여야 한다.

제사장은 거룩한 자인즉 부정한 창녀나 이혼 당한 여인과 결혼하여서는 안 된다.

이스라엘 사람들은 여호와께 드린 성물을 먹어서는 안 된다. 제사장도 부정한 몸으로 먹어서는 안 된다(규정을 위반한 자는 공동체에서 '끊어지리라'고 강조하신다).

이스라엘 자손은 안식일, 유월절, 칠칠절, 속죄일, 초막절을 지켜야 한다.

회막 안 금 촛대에는 항상 등잔불을 켜 둘 것이며, 순결한 상 위에 떡을 진설해야 한다.

6년 동안 밭에 씨를 뿌려 포도원을 가꾸며 그 소출을 거둘 것인데, 7년째는 여호와를 위한 안식년이므로 파종하거나 포도원을 가꾸지 말라. 또 50년째는 희년으로 "모든 주민을 위하여 자유를 공포하라. 각각 자기의 소유지로 돌아가야 하며, 그의 자녀가 자유하리니, 그들은 내 종이요 나는 너희의 하나님 여호와니라"라고 규정하신다.

26장은 시내 산에서 받은 율법의 마무리이며, 축복과 저주, 상과 벌을 말씀하신다.

▶ 서원과 십일조 27

26장 46절에서 "이것은 여호와와 이스라엘 자손 사이에 모세를 통하여 세우신 규례와 법도 및 율법"이라고 맺은 다음, 계명에 대한 인간의 헌신과 감사의 규정을 말씀하신다.

젊은이를 위해
요약한 구약성경 이야기

민수기

너희의 자녀들은 광야에서 너희의 반역한 죄를 지고
사십 년 동안 광야에서 방황하는 자가 되리라

모세의 저작으로 본다면 B.C.1400년경, 편집자 또는 다른 저자의 기록으로 보
면 B.C.600년경에 성립되었다. 이 책은 애굽에서 떠난 이스라엘을 완전한 민족으
로 성장시키시기 위한 하나님의 인도하심을 기록한 것이다.

시내에서 떠날 준비

민수기(民數記)는 시내에서의 율법 수여와 광야 방랑으로 나눌 수 있다. 가나안으로 향해 떠날 준비를 위한 통계와 계수의 기록이며, 또한 공동체의 행진 과정에서 하나님께서 명하신 갖가지 규례들을 기록한 모세의 마지막 책이기도 하다.

▶ 인구 조사와 봉헌 1~10

여호와는 시내 광야에서 모세에게 "이스라엘 회중의 남자의 수를 종족마다, 가문에 따라 계수하라"라고 명하신다. 회중이 시내를 출발하여 가나안에 이르기까지의 행진, 진영의 순서를 정하기 위함이었다(인구조사는 이로부터 38년 후 모압 평지에서도 시행되었다).

조사 결과 20세 이상인 남자의 총수는 (성막을 관리하는 레위 지파를 제외하고) 60만 3550명이었다. 각 부족은 회견의 성막을 중심으로 하여 동으로는 유다, 잇사갈, 스블론, 남으로는 르우벤, 시므온, 갓, 서쪽으로는 에브라임, 므낫세, 베냐민, 북으로는 단, 아셀, 납달리의 순으로 진영을 친다. 레위 족의 수는 별도로 조사하여 성막에 관한 여러 가지 임무를 할당하였다.

진영은 회견의 성막을 중심으로 한 거룩한 곳이므로 종교적으로 정결을 유지해야 한다.

모세가 규정에 따라 성막을 다 지은 후 이를 성별하고, 또 제기도

성별한 날에, 각 부족의 지도자가 하루에 한 사람씩 제단에 헌물을 드렸다.

광야 방황

▶ 시내에서 바란 광야까지 10~12

여호와께서는 애굽에서 시내 광야에 이르기까지, 낮에는 구름 기둥으로, 밤에는 불 기둥으로 이스라엘 민족을 이끄셨다. 성막이 완성되자 구름이 성막을 덮었다. 애굽을 떠난 지 2년 째 되는 2월, 그 구름이 성막을 떠났으므로 회중은 약속의 땅 가나안을 향해 가기 위해 시내 광야를 출발하여 바란 광야에 이르렀다. 구름이 성막을 떠나자 회중은 출발하였고, 구름이 머무는 곳에 진을 쳤다.

그들이 행진할 때 '언약궤'를 선두로 하여 회중을 이끌었는데, 그 행진이 시작될 때 모세는 이렇게 기도하였다.
"여호와여, 일어나서 주의 대적들을 흩으시고
주를 미워하는 자가 주 앞에서 도망하게 하소서"

행진이 끝날 때는
"여호와여, 이스라엘 종족들에게로 돌아오소서" 하고 기도하였다.

광야 진영에 머무는 일이 오래 계속되자, 백성의 불만이 고조되고, 그들은 여호와에게 불평하며 "아아, 고기가 먹고 싶다. 오이, 부추, 파, 마늘이 생각난다. 애굽에서는 언제든지 값없이 생선을 먹을 수 있었는데. 이제는 기력이 없어 어디를 보아도 만나뿐이다" 하고 원망하며 울부짖었다.

모세도 보행자 60만 명을 감당할 수 없으니 은혜를 베푸사 죽여 주십시오 하고 호소한다.

그런데 갑자기 바다 쪽으로부터 바람을 타고 메추라기가 날아와 진영 주위에 떨어졌다. 백성들은 종일, 밤새도록 그리고 그 이튿날 종일토록 그것을 주워 모았다. 그러나 백성들이 고기를 채 삼키기도 전에 여호와가 진노하시어 큰 재앙으로 치셨으므로 욕심을 낸 백성은 거기 장사되었다.

▶ 가나안 땅 정탐 13~14

여호와는 모세에게 명하셨다. "내가 이스라엘 자손에게 주는 가나안 땅을 정탐하게 하라". 모세는 각 지파 중에서 한 사람씩 대표를 뽑아 가나안을 정탐하게 하였다. 그들은 포도와 무화과를 가지고 돌아왔다. "그곳은 젖과 꿀이 흐르는 땅이며, 그곳 거주민은 강대하고, 성읍은 견고하고 성벽도 높아 그 민족을 공격하는 것은 무리입니다"라고 보고하였다.

그러나 대표 중 여호수아와 갈렙은 단호하게 일어나 가야 한다고 주장하였다. 백성은 모두 큰소리로 애굽으로 돌아가는 것이 낫다고 부르짖었다.

백성들의 원망하는 소리를 들으신 여호와는 "40년 동안 광야를 방황하면서, 나를 향해 불평한 20세 이상 되는 사람은 이 광야에서 시체로 엎드러질 것이다"고 하셨다. 그리고 가나안을 정탐하고 돌아와 백성들의 용기를 꺾은 자들은 여호수아와 갈렙을 제외하고 모두 여호와 앞에서 죽었다.

여호수아와 갈렙은 하나님을 믿는 사람만이 정복할 수 있는 땅임을 확신한 것이다.

▶ 가데스에서 모압 평지로 20~36

가데스에서 북상하여 가나안으로 들어가는 것을 단념한 백성들은 신 광야로 들어갔다. 회중은 물이 없으므로 모세와 아론에게 불평하였다. 여호와는 모세에게 명하셨다. "지팡이를 들어 회중의 목전에서 반석에게 명하여 물을 내라". 모세가 반석 앞에서 회중을 모으고 지팡이로 두 번 치니 물이 솟아나왔다. 그러나 여호와는 모세와 아론에게 '너희가 나를 믿지 않고' 내 거룩함을 나타내지 아니하고 바위를 쳤으므로 너희 둘은 가나안 땅에 들어갈 수 없다고 말씀하신다.

모세는 가데스에서 동쪽에 있는 에돔 왕에게 사자를 보내어, 영토 통과를 허락해 달라고 요청했다. 에돔 왕이 이를 거절하고 군대를 이끌어 이스라엘에 대항했으므로 에돔을 우회하기로 하였다(가데스 에서는 미리암이 죽고, 에돔 근처 호르 산에서는 아론이 죽는다).

도중에 몇몇 성읍을 빼앗으며 여리고에서 가까운 요단 건너편 모압 평지에 이르렀다. 모압 왕 발락은 심히 두려워하여, 점술사 발람에게 장로들을 보내 이스라엘 백성을 저주해 달라고 청한다.

하나님의 명령에 따라 출발한 발람은 발락에게로 온다. 그러나 발람은 "여호와께서 축복하라는 명을 나는 받았다. 이미 하나님께서 축복하신 것을 나는 바꿀 수 없다"고 말하고 세 번이나 이스라엘을 축복하고 발락 곁을 떠났다.

두 번째 인구 조사를 끝내고, 미디안 사람에게 승리한 후, 르우벤족과 갓족은 요단 강을 건너지 않고 동요단에서 정주하겠다고 모세에게 요청한다.

모세는 다른 부족과 함께 가나안 점령을 위해 싸울 것을 조건으로 하여 허락한다. 므낫세 족의 절반도 동요단에 정주하고, 나머지 9 부족 반에게는 제비를 뽑아서 서요단의 땅을 할당하게 된다. 또 할당을 받지 않은 레위인에게는 그들이 살 성읍과 방목지를 주어서 거처로 삼게 했으며, 부지중에 살인한 자를 위해 도피할 수 있는 성을 설치하도록 모세를 통해 명하신다.

신명기

너는 마음을 다하고 뜻을 다하고 힘을 다하여 네
하나님 여호와를 사랑하라

저작 연대는 B.C.1400년경, 저자는 모세이다. 그러나 서문과 모세의 죽음은
다른 사람의 손으로 기록되었다. 신명기는 모세의 고별사이다. 이 책명은 '율법의
반복'이라는 뜻이다.

신명기 사상

신명기(申命記)는 유일한 하나님만을 섬기라는 중심사상으로 일관되었다. 더욱이 유일한 하나님은 단 하나 인 중앙 성막에서 예배해야 한다고 말한다.

이런 사상은 요시아왕(전 639~609년) 제 18년에 시행한 종교개혁에 대한 기록에 따른다.

왕이 예루살렘 궁전 수복을 명했을 때, 신전에서 〈율법책〉이 발견된다. 이것을 읽은 왕은 옷을 찢고 장로들을 신전으로 모아, 이를 읽어 주었다. 그들은 여호와 앞에서 언약을 세우고, 마음을 다하여 여호와의 계율과 증거와 규정을 지키겠다고 서약하였다. 백성은 모두 이 언약에 동참하였다.

왕은 신전에서 바알을 비롯한 여러 이교의 신들을 제거하고, 온 나라의 '높은 곳'을 파괴하며, 제사의식을 예루살렘에 집중시켜 마지막으로 유월절을 거행하였다. 이 사건은 요시아의 종교 개혁이라고 불리며, 이 개혁을 이끈 정신과 신명기의 근본사상은 상통하는 것이다. 이때 발견된 율법책은 '원(原)신명기'라고 일컬어진다.

모세의 연설1

1~4장은 신명기 전체의 서론이다.

요단강을 끼고 '약속의 땅'을 목전에 둔 모압 땅에서 모세는 이스라엘 사람들을 향해 이별의 연설을 한다. 모세 자신은 가나안 땅에 들어가는 것이 허락되지 않았기 때문이다.

그는 광야의 방랑길을 되돌아보면서 "이스라엘아 이제 내가 너희에게 가르치는 규례와 법도를 듣고 준행하라 그리하면 너희가 살 것이요 너희 조상의 하나님 여호와께서 너희에게 주시는 땅에 들어가서 그것을 얻게 되리라"라고 권면하며 호렙(시내)에서 받은 율법을 다시 한 번 선포한다.

모세의 연설2

5장에서 28장은 이른바 '원신명기'이며, 이것은 서문, 언약의 조항, 결론으로 나눌 수 있다.

▶ 서문 5~11

모세는 백성에게 '십계명'을 말한 후, "이스라엘아 들으라 우리 하나님 여호와는 오직 유일한 여호와이시니 너는 마음을 다하고 뜻을 다하고 힘을 다하여 네 하나님 여호와를 사랑하라"는 말씀을 "마음에 새기고 네 자녀에게 부지런히 가르치며 집에 앉아 있을 때에든지 길을 갈 때에든지 누워 있을 때에든지 이 말씀을 강론할 것이며 또 그것을 손목에 매어 기호를 삼으며 네 미간에 붙여 표로 삼고 또 네 집 문설주와 바깥문에 기록할지니라"라고 명한다.

그것은 이스라엘이 여호와의 성민이기 때문이다. 여호와는 지상의 만민 중에서 이스라엘을 자기 기업의 백성으로 택하셨다. 여호와가 이스라엘을 사랑하셨기 때문에 애굽의 노예에서 속량하신 것이다.

여호와는 또 40년 동안 광야에서 민족을 이끄시었다. 이것은 이스라엘을 괴롭혀 민족을 시험하고 그 마음을 알기 위한 것이며, "사람이 떡으로만 사는 것이 아니요 여호와의 입에서 나오는 모든 말씀으로 사는 것"을 가르치려 한 것이다. 이스라엘은 여호와의 길을 따라가며 그를 경외해야 한다.

이렇게 모세는 이스라엘 민족을 향해 여호와를 사랑하고 그 명령에 복종하라고 권고한다.

▶ 언약의 조항 12~26

'언약의 조항'도 이른바 법문은 아니며, 계율의 설교이다. 이 부분은 다시 ㉠'올바른 제사의식에 대하여' ㉡'재판장들과 왕, 제사장, 예언자에 대하여' ㉢'기타 규정'으로 세분된다.

㉠ 여호와가 주시는 땅으로 들어가면, 그 땅의 민족이 섬기던 이교 신들의 제단을 파괴하고 우상을 깨뜨리며, 그 이름을 그곳에서 말살하지 않으면 안 된다. 오직 유일한 여호와를 유일한 곳에서 예배하지 않으면 안 된다는 말이 3번 되풀이된다.

이스라엘은 여호와의 아들 성민이기 때문에 가증한 것은 무

젊은이를 위해
요약한 구약성경 이야기

엇이든지 먹지 말라.

형제 중 한 사람이라도 가난한 사람이 성읍 내에 있으면, 그에게 마음을 완악하게 하지 말라.

동포 중 한 사람이 채무 때문에 노예로 6년 동안 일했다면 7년째에는 자유를 주지 않으면 안 된다.

출애굽을 기념하는 유월절과 무교절과 칠칠절, 초막절을 지키지 않으면 안 된다.

ⓛ 왕을 세울 때는 반드시 여호와가 택하는 자를 동포 중에서 세워야 한다.

왕은 말, 금은, 아내를 많이 가져서는 안 된다.

왕은 율법서 등사본을 좌우명의 책으로 하여 항상 읽고 이를 지키지 않으면 안 된다.

ⓒ 적군과 싸우려고 출진할 때 제사장은 "이스라엘아 들으라. 겁내지 말며 두려워하지 말라. 떨지 말며, 놀라지 말라. 여호와가 함께 행하시며 너희를 위하여 너희 적군과 싸우시고 구원하실 것이다"라고 말해야 한다.

그밖에 혼인에 관한 규정, 총회에 가입할 수 있는 자의 규정, 이웃과의 사회적 교류에 관한 규정이 포함되었다.

수확할 때는 그 만물을 광주리에 담고 성소로 가지고 가서 제사장에게 주어야 한다. 이때 다음과 같이 기도해야 한다.

"내 조상은 방랑하는 아람 사람으로서 애굽에 내려가 거기에서 소수로 거류하였더니 거기에서 크고 강하고 번성한 민족이 되었는데, 애굽 사람이 우리를 학대하며 우리를 괴롭히며 우리에게 중노동을 시키므로 우리가 우리 조상의 하나님 여호와께 부르짖었더니 여호와께서 우리 음성을 들으시고 우리의 고통과 신고와 압제를 보시고 여호와께서 강한 손과 편 팔과 큰 위엄과 이적과 기사로 우리를 애굽에서 인도하여 내시고 이곳으로 인도하사 이 땅 곧 젖과 꿀이 흐르는 땅을 주셨나이다."

이 말은 고대 이스라엘에서 제사의식 때 암송된 일종의 신앙고백이며, 그 중에 이스라엘의 역사가 요약되어 있다. '족장-출애굽-토지 획득'이라는 사건을 여호와에 의한 구원의 사건으로 송축하는 것이다.

▶ 결론 27~28

모세와 이스라엘의 장로들은 백성에게 명하였다. "내가 오늘 너희에게 명령하는 이 명령을 너희는 다 지킬지니라. 요단강을 건너가 여호와께서 네게 주시는 땅에 들어가는 날에, 에발산에 큰 돌을 세우고 석회를 바르고 그 위에 율법의 모든 말씀을 기록하라. 그리고 제단을 쌓고 그곳에서 번제를 드려야 한다. 또 화목제를 드리고 그곳에서 먹고, 여호와 앞에서 기뻐하며 즐거워해야 한다."

27장 15~26절에는 '성적(性的) 12계'라 일컬어지는 옛 계율 시리즈가 있다.

"이 모든 계율을 지키면 여호와는 너를 모든 민족 위에 뛰어나게 하실 것이다. 모든 복은 너에게 임한다. 너는 성읍에서나 들에서도 복을 받을 것이다. 그러나 이 모든 명령과 규례를 지키지 않으면 네가 들어와도 저주를 받을 것이요 나가도 저주를 받을 것이다."
　이 축복과 저주로 원신명기는 마무리된다.

모세의 마지막 축복

　31~34장에서 모세는 후계자 여호수아를 불러 말하였다. "너는 이 백성을 거느리고 가라. 강하고 담대하라. 여호와께서 네 앞에서 가시며 너와 함께 하실 것이다".
　그리고 율법을 써서 주면서 "매 칠 년 끝 해 곧 면제년 초막절에 이 율법을 낭독하여 온 이스라엘이 듣게 하라"라고 명한다.

　죽을 때가 가까운 모세는 이스라엘에 대한 여호와의 업적과 이스라엘의 불충과 거역을 노래하고 ('모세의 노래' 시105,106편 참조), 또 이스라엘의 모든 민족을 축복하였다.
　모세는 느보산으로 올라가 가나안 땅을 바라보았다. 여호와의 말씀대로 그는 모압 땅에서 죽고 거기 장사되었다.

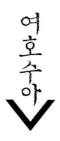

여호수아

여호와께서 이스라엘의 조상들에게 맹세하사 주리라
하신 온 땅을 이와 같이 이스라엘에게 다 주셨으므로
그들이 그것을 차지하여 거기 거주하였으니

저작 연대는 확실하지 않으며 여호수아가 저자라는 것도 잘 알 수 없다. 모세
오경 다음에 계속되는 여호수아·사사기·사무엘·열왕기의 4서를 전(前)예언서라고
한다. 이것은 실질적으로는 역사책이다.

여호수아의 사명

모세가 죽은 후, 하나님은 모세의 수종자 눈의 아들 여호수아에게 "이제 너는 모든 백성과 더불어 요단강을 건너, 내가 이스라엘 자손에게 주는 땅으로 가라"고 명령하신다. 강하고 담대하게 민족을 위해 하나님이 약속하신 땅을 차지하게 하는 일 그것이 여호수아의 사명이며, 모세가 명한, 율법을 충실히 지키는 일 그것이 승리를 얻는 조건이었다.

정복

이스라엘 민족은 광야에서 방황한 끝에 마침내 약속하신 땅으로 들어갔다. 여호수아의 지도 아래 이스라엘은 그들보다 더 강한 가나안 사람들의 저항을 깨드리며 그 땅을 정복하여 확고히 선다.

▶ **라합** 2:1~2:14

출발에 앞서 여호수아는 정탐꾼 둘을 보내 여리고 주변을 살피게 한다. 정탐꾼은 성벽 위에 있는 기생 라합의 집에 유숙한다. 정탐꾼이 침입했다는 정보가 여리고 왕에게 들어가 이미 탐색이 시작되었는데, 라합은 두 사람을 숨겨 주었고, 창문에서 줄로 달아내려 산으로 도망가 정탐하게 하였다. 라합은 여호와가 이 땅을 너희에게 주신 줄 내가 안다고 말한다.

▶ 요단 도강 3~4

싯딤에서 출발한 일행은 요단강 가에 이르러 유숙하였다. 사흘 후 관리들이 진중을 두루 다니며, 레위 사람 제사장들이 여호와의 언약궤를 메는 것을 신호로 2천 규빗 쯤 거리를 두고 추적하라고 명령하였다.

제사장들에게 언약궤를 메고 선두에 서서 강을 건너라고 여호수아가 명하였다.

언약궤를 멘 제사장들의 발이 물에 잠기자, 위로부터 흘러내리던 물이 멈추고, 매우 멀리서 한 곳에 높이 솟아오르더니 물이 온전히 끊어졌다. 제사장들은 언약궤를 메고 요단강 마른 땅에 굳게 섰으며, 강물은 온 백성이 건너기를 마칠 때까지 말라 있었다. 여호수아는 제사장들이 발을 멈춘 곳에서 돌 12개를 가져오게 하여 그날 유숙할 곳에 세우라고 명하였다.

제사장들이 요단강 속에서 나와 그 발바닥이 강가 마른 땅에 닿자마자 요단강 물은 원래대로 복원되었다. 백성들은 여리고의 동쪽 길갈에 진을 치고, 여호수아는 12개의 돌을 거기 세우며 사람들에게 말하였다. 훗날 너희 자손들이 이 돌에 대하여 묻거든, 하나님이 홍해의 물을 마르게 하신 것처럼 요단의 강물을 마르게 하여 이스라엘 민족을 건너게 하셨다고 알리라.

▶ 할례 5:2~12

여호수아는 부싯돌로 칼을 만들어 이스라엘 자손들에게 할례를 행하였다. 이미 할례를 받았던 사람들은 40년 동안 광야를 방황했을 때, 하나님의 말씀을 따르지 않아 모두 죽었다. 여호수아가 할례를 행한 것은 광야에서 태어나 아직 할례를 받지 않은 사람들을 위한 것이었다.

▶ 여리고 함락 5:13~6

여호수아가 여리고 가까이 오니, 성문은 굳게 닫혀 있었다. 여호와는 여호수아에게 명하셨다. 너희 모든 군사는 엿새 동안 성 주위를 매일 한 번씩 돌아라. 제사장 일곱은 일곱 양각 나팔을 불고 언약궤 앞에서 나아가라, 일곱째 날에는 성벽을 일곱 번 돌라, 일곱째 날 일곱 번째 나팔과 함께 여호수아의 신호로 백성이 큰 소리로 외치자 성벽이 무너졌고, 백성들은 각기 성으로 쳐들어가 성안에 있는 남녀노소, 소 양, 나귀를 칼날로 모두 멸하였다. 다만 앞서 정탐한 젊은이들은, 약속한대로 라합 일가를 살려냈다.

하나님은 여호수아와 함께 하시어 여호수아의 소문이 그 온 땅에 퍼졌다.

▶ 아이 성과 기브온 족속 7~9

여호수아는 아이를 공략하려고 정탐꾼을 파견하였다. 그리고 백성 중 3천 명을 파병하였다. 그러나 그들은 크게 패배하였다. 이것은 앞으로의 진격을 불가능하게 할지도 모를 중대한 일이었다. 여호수아는 그 패배의 원인이 이스라엘 안에 하나님의 명령을 거역한 자가 있었기 때문임을 알았다.

유다족에 속한 아간이, 노략한 물건에 손을 대어 장막 땅 속에 감추어둔 것이다.

온 이스라엘은 아간과 그 가족을 돌로 쳐 죽이고 물건들을 불살랐다. 그리고 그 위에 돌무더기를 크게 쌓았다. 그곳 이름을 아골 골짜기라 부른다. 이스라엘이 멸망당할 요인이 되는 것을 이스라엘 자신이 멸해 버리는 것이 하나님의 가호를 받는 요건이기 때문이다.

이렇게 여호수아는 새로운 작전을 하나님에게서 받고 다시 아이를 공략하여 주민을 멸망시키고 성에 불을 질러 영원한 무더기를 만들어 황폐하게 하였다.

여호수아는 에발 산에서 자연석으로 여호와 하나님을 위해 제단을 쌓고, 번제물과 화목제물을 드린 후 모세가　　　 쓴 율법을 이스라엘 자손의 목전에서 그 돌에 기록했다. 또 온 이스라엘과 그 장로들과 관리들과 재판장들과 본토인뿐 아니라 이방인까지 언약궤의 좌우, 즉 절반은 그리심 산 앞에, 절반은 에발 산 앞에 세워 축복하고 저주하는 율법의 모든 말씀을 남김없이 낭독하였다.

요단강 서쪽 연안에 사는 헷, 아모리, 가나안 히위, 여부스 사람들의 제왕은 연합하여 이스라엘과 맞서 싸우려고 하였다. 그러나 기브온에 사는 히위 주민들은 여리고와 아이에서 일어난 여러 정황을 보고 화친조약을 맺게 하였다. 여호수아가 화친 조약을 맺을 때 그들은 책략을 써서 여호수아를 속였으나, 여호수아는 사흘 후에 기브온과 그 주변을 무혈점령하여, 그 주민들을 나무를 패며 물을

젊은이를 위해
요약한 구약성경 이야기

긷는 자들로 삼아 생명을 부지하게 하였다.

▶ 머물러 선 태양 10~11

기브온은 그 지방의 강대한 세력이었으므로 산지에 사는 아모리 족속 다섯 왕들은 이 소식을 듣고 동요했다. 그들은 예루살렘의 5개 도시 연합을 결성하여 기브온을 제재할 군대를 일으켰다. 길갈에 주둔하고 있던 여호수아는 전 군대를 이끌고 밤새도록 올라가 아모리 연합군을 격파하였다.

그들이 이스라엘에서 도망하여 벧호론 비탈에서 내려갈 때 여호와께서 우박을 내리시니, 이스라엘 자손의 칼에 죽은 자보다 더 많은 자가 죽었다. 또 이날 "태양아 너는 기브온 위에 머무르라 달아 너도 아얄론 골짜기에서 그리 할지어다"고 기원한 여호수아에게 응답하시어 여호와는 이스라엘이 적을 무찌를 때까지 꼬박 하루, 태양이 중천에 머물게 하셨다.

여호수아는 막게다 동굴 안에 숨어 있던 다섯 왕들의 목을 발로 밟아 죽이게 하였다. 온 이스라엘은 막게다에서 립나, 립나에서 라기스, 에글론, 헤브론으로 진격하며 각 성읍을 정복하고, 다시 드빌로 돌아와 공략하고 남부의 산지, 산허리, 평지, 네겝을 진멸하며 길갈 진영으로 개선하였다.

북부에서는 하솔 왕 야빈이 가나안, 아모리, 헷, 브리스, 여부스,

히위 족속들의 대군을 메롬 물가에 총집결시켰다. 여호수아는 이를 습격하여 격파하고, 멀리 시돈, 미스르봇 마임까지 추격하였다. 북동으로는 헤르몬 산 근처, 미스바 골짜기까지 섬멸하고, 하나님의 명령대로 그들의 말 뒷발의 힘줄을 끊고 병거를 불살랐다. 거기서 돌이켜 언덕의 성읍으로 쳐들어갔으며, 하솔에는 불을 질렀다. 성읍들의 모든 재물과 가축을 탈취하고, 주민을 칼로 멸하여 숨 쉬는 자를 하나도 남기지 않았다.

이렇게 여호수아는 하나님의 명령에 따라 이스라엘의 산지와 평지를 점령하고, 남으로는 할락 산, 북으로는 헤르몬 산 기슭 바알갓까지 차지하고 왕들을 모조리 잡아 쳐 죽였다. 이들 왕과의 전쟁은 오래 계속되었으나 기브온 주민과 히위 사람 외에는 이스라엘과 화친한 성읍은 하나도 없었다. 성읍은 모두 전투로 이겨 획득한 것이다. 이와 같이 여호수아는 이스라엘 민족에게 각각 살 땅을 지파의 구분에 따라 기업으로 줄 수 있었다. 이 땅에 전쟁은 그쳤다.

▶ 기업의 분배 12~22

모세는 앞서 요단강 동쪽에서 아모리 족속의 왕 시혼, 바산의 왕 옥을 멸하고, 이들의 땅을 르우벤, 갓 및 므낫세 반 지파에게 주었었다. 그 후 여호수아가 요단강 서쪽에서 멸한 왕은 모두 31명을 헤아린다. 그러나 정복할 땅은 아직 많이 남아 있었다. 하나님은 여호수아에게 너는 늙었으니, 내가 남은 땅의 주민을 쫓아내리라 약속하시고, 먼저 아홉 지파와 므낫세의 반 지파에게 나누어 주어 기업

젊은이를 위해
요약한 구약성경 이야기

으로 삼게 하라고 명하신다.

　레위 족은 분배에서 제외되고, 요셉의 자손 므낫세, 에브라임 두 족속이 각기 분깃을 얻게 되어 있었다. 이렇게 우선 유다 족속, 요셉 족속이 땅을 얻었다.

　이스라엘 제 민족은 실로를 정복하여 '회막'을 세웠다. 아직 일곱 지파가 기업을 얻지 못하고 남아 있었다. 여호수아는 부족마다 세 사람씩 선출하여 나머지 땅을 두루 다니며 지도를 작성하게 하여, 가져오라고 명한다. 그리고 그 지도에 따라 하나님 여호와 앞에서 제비를 뽑아 토지를 분배하였다. 이렇게 베냐민, 시므온, 스불론, 잇사갈, 아셀, 납달리, 단의 일곱 지파의 땅을 정했다.

　하나님은 또 여호수아에게 명하여 부지중에 사람을 죽인 자가 재판을 받기 전에, 피의 보복자를 피할 수 있는 '도피성'을 6개 만들라고 하셨다. 여호수아는 레위 사람의 요구에 따라 그들이 사는 성읍 48개와 거기에 속한 가축의 방목지를 각 종족에서 제공하게 하여 그들에게 주었다. 도피성 6개 성읍도 여기 포함된다.

　요단강 동쪽에 모세 때부터 기업의 땅을 얻었던 르우벤, 갓, 므낫세의 반 지파는 여호수아의 축복을 받고, 그들에게 할당된 땅을 향하여 출발하였다.

▶ 여호수아의 고별 설교 23~24

하나님이 이스라엘 주위의 적을 모두 제거하시고 이스라엘에 안식을 주신 지 오래 되니 여호수아는 많이 늙었다. 여호수아는 온 이스라엘을 모아, 이스라엘의 오늘을 있게 하신 분은 하나님 여호와라는 것, 율법을 지킬 것, 민족의 순결을 지키라고 설득시켰다.

만일 하나님의 언약을 범하고, 다른 신들을 섬기면 여호와의 진노가 너희에게 미쳐, 하나님은 아름다운 이 땅에서 이스라엘을 멸망시키실 것이라고 경고하였다.

또 여호수아는 이스라엘 모든 지파를 세겜에 모으고, 새로이, 옛날에 다른 신들을 섬긴 조상 이야기부터 시작하여, 오늘에 이르기까지의 이스라엘 민족에 대한 하나님의 선택과 구원의 역사를 들려주면서, 이 여호와를 자신들의 하나님으로 택하고 그를 섬길 수 있는지 아닌지 백성들에게 물었다.

백성들은 여호와를 섬기며, 그 목소리를 청종하겠다고 말하였다. 여호수아는 세겜에서 백성들과 언약을 맺고, 율례와 법도를 제정하여 율법책에 기록하였다. 그리고 여호와의 성소 곁에 있는 상수리나무 아래 큰 돌을 세우고, 그 돌로 그날의 증거로 삼았다.

여호수아가 110세로 죽으매 에브라임 산지 딤낫 세라에 장사하였다.

이스라엘 자손들이 애굽에서 가져온 요셉의 뼈도 세겜에 장사하였다.

아론의 아들, 제사장 엘르아살도 죽어, 에브라임 산지에 장사하였다.

사사기

그 때에 이스라엘에는 왕이 없었으므로 저마다
자기 소견에 옳은 대로 행하였더라
여호와께서 사사들을 세우사 노략자들의 손에서
그들을 구원하게 하셨으나

저작 연대는 B.C.10세기경, 왕조가 태동할 무렵으로 추정된다. 사무엘이 저자라
고 한다. 그러나 뒷받침할 만한 증거는 없으며, 여러 사람의 손을 거친 것 같다.

사사기(士師記)는 어둡고 폭력이 난무하는 사회를 그린다. 땅의 선주민을 모조리 추방하라는 하나님의 명령을 어긴 백성에게 하나님은 징벌을 내리신다. 유대인들의 죄의 순환시대라고 할 수 있다. 백성들의 불충과 하나님의 신실하심을 동시에 묘사한 책이다.

사사시대

▶ 불완전한 축출 1~2

여호수아가 죽은 후, 이스라엘 여러 족속은 각기 할당된 기업의 땅을 얻기 위해 행동하였다. 맨 먼저 시작한 것은 하나님의 말씀에 따른 유다의 베섹 공격이었다.

유다는 형제 시므온의 원조로 성공하여, 베섹 왕 아도니 베섹을 붙잡아 손발의 엄지를 잘라버린 후, 족속에게 할당된 가나안 여러 도시를 공격하였다.

요셉, 므낫세, 에브라임, 스불론, 아셀, 납달리의 각 부족들도 행동을 개시하였으나, 모두 다 각지의 주민을 완전히 쫓아내지 못하였다. 더러는 가나안 사람에게 강제노동을 시키며 대부분 가나안 사람과 함께 살게 되었다. 또 단은 아모리 사람에게 산지로 밀려나 평지에는 내려올 수 없었다.

그들이 여호와를 모르고, 여호와가 이스라엘을 위해 행하신 업적을 모르는 사람들의 시대가 된 것이다. 이스라엘 자손들은 여호와를 버리고 주위에 있는 적의 신들을 따르고 있었다.

여호와는 진노하시어 이스라엘을 노략하는 자의 손에 넘기시고, 이스라엘 사람들이 어디로 가든 그들에게 재앙을 내리시며 그들을 괴롭히셨다.

그러나 그들이 심히 괴로워함을 보신 여호와는 사사들을 세워 노략자의 손에서 구원하셨다. 그들은 이 고난이 지나자 사사들에게 순종하지 않고, 오히려 다른 신들과 간음하고 거기에 절하였다. 여호수아 때, 주위의 이민족을 서둘러 쫓아내지 않고 남겨둔 것은, 나중에 이스라엘이 조상처럼 하나님의 도를 지켜 행하는지 행하지 않을지를 보시기 위한 하나님의 시험이었던 것이다.

▶ 옷니엘 3:1~11

이스라엘 자손들은 이민족의 딸들을 아내로 맞이하고, 자기 딸들을 그들에게 주며, 그들의 신들을 섬겼다. 처음에 하나님은 메소보타미아 왕 구산 리사다임을 통해 이스라엘을 괴롭혀 8년 동안 그를 섬기게 하셨다. 그러나 이스라엘이 여호와께 부르짖으며 간구하니 하나님은 한 구원자 옷니엘을 세워 그들을 구원하셨다. 여호와의 영이 옷니엘에게 임하여 그는 사사가 되었고, 나아가 싸우니 메소보타미아 왕을 이기고, 그 땅이 40년 동안 평온하였다.

▶ 에훗 3:15~30

옷니엘이 죽자, 이스라엘 자손은 또다시 악을 행하였다. 이번에는 하나님이 모압 왕 에글론에게 이스라엘을 공격하게 하셨다. 이스라엘은 18년 동안 에글론을 섬긴 후 다시 여호와께 간구하였다. 하나님은 베냐민 사람인 왼손잡이 에훗을 구원자로 세우셨다. 에훗은 사자들과 함께 모압 왕 에글론에게 공물을 바칠 때 같이 갔다. 그는 바치고 나서, 일단 물러났다가 다시 돌아와 단독 알현하여, 오른쪽 허벅지 위에 숨겨 둔 양날 단도를 왼손으로 빼어 에글론을 찔러 죽였다. 에훗의 진두지휘 하에 이스라엘은 모압을 쓰러뜨리고 80년 동안 태평 세대를 누렸다.

▶ 삿갈 3:31

에훗 후에는 아낫의 아들 삼갈이 소를 모는 막대기로 블레셋 사람 600명을 죽여 이스라엘을 구원하였다.

이스라엘이 또 악을 행하므로 하나님은 이스라엘을 하솔 왕 야빈의 손에 넘기셨다. 야빈의 군대 장관 시스라는 20년 동안 이스라엘을 심하게 학대하였다.

▶ 여 사사 드보라 4:4~5:30

하나님은 유일한 여선지자 드보라를 사사로 쓰셨다. 드보라는 납달리 족인 바락을 불러, 납달리, 스불론 두 자손에서 병 만 명을 모아 다볼 산에 진을 치라고 말하였다. 이것을 안 시스라가 기손 강에 병력을 집결시켜 결전이 벌어졌는데, 하나님은 바락에게 승리를 안겨 주시어, 시스라의 병거와 그의 온 군대는 바락의 검에 쓰러졌다.

시스라는 걸어서 겐 사람 헤벨의 아내 야엘의 장막으로 도망하여 숨었다. 그러나 야엘은 깊이 잠든 시스라의 관자놀이에 장막 말뚝을 박아 죽였다. 그리고 추적해 온 바락에게 시스라의 시체를 넘겨주었다.

이렇게 가나안의 왕 야빈은 망하고, 이날 드보라와 바락은 여호와를 찬양하며 높이 노래 불렀다.

그 땅이 40년 동안 평온하였다. 바락은 사사에 포함되기도 한다.

▶ 기드온 6:11~8:35

이스라엘은 또 하나님을 잊고 악을 행하여 미디안 사람 지배하에 들어갔다. 하나님은 이번에는 므낫세 족인 기드온을 세우셨다. 기드온은 이 막중한 일을 감당할 수 없어 망설이며, 하나님께 표징을 보여 주십사고 간청한다. 하나님은 기적과 꿈을 보이시며 인도하셨다. 기드온은 먼저 자기 아버지가 섬기는 바알 신의 제단을 쳐부수고, 그 곁의 아세라 상을 찍어 쓰러뜨려, 그날의 기드온을 여룹바알이라 불렀다.

기드온은 므낫세 족을 중심으로 아셀, 스불론, 납달리 제 민족에서 3만 2천의 병을 모아 미디안과 싸우려 했다. 그러나 하나님은 그 수를 300으로 줄이셨다. 수를 믿고 승리하면, 이스라엘이 하나님을 잊고 자기 힘으로 이긴 승리라고 자만할지 모르기 때문이었다.

이 3백 명은 여호와가 앞서 시험해서 뽑은 병이었다. 곧 물가에 내려가 물을 마실 때, 무릎을 꿇지 않고, 개가 핥듯이 혀로 물을 핥지도 않으며, 손으로 물을 움켜 입에 대는 신중함을 보인 정예들이었다.

미디안과 동방의 백성들은 그 수가 메뚜기의 큰 무리와 같았고, 낙타의 수도 바다의 모래알처럼 많았으나, 3백 명이 나팔을 불고, 손에 든 항아리를 부수며, 왼손에 빈 항아리에 감추었던 횃불을 들고 적진을 포위할 때, 하나님이 적들로 서로 치게 하시니 모두 도망하였다. 이 때 적의 전사자는 12만을 헤아렸는데, 3백 명은 남은 1만 5백 명을 추격하여 두 왕을 사로잡아 그 세력을 격추시켰다. 또 추격 중에 기드온의 식량 제공 요청을 거부한 숙곳과 브누엘 주민에게도 징벌을 내리셨다.

이스라엘 사람들은 기드온과 그 자손을 지배자로 섬기려 했으나 기드온은 "하나님이 우리를 다스리시는 지배자이시다"라고 거부하였다. 그리고 너희는 각기 탈취한 귀고리를 내게 달라고 요청하였다. 그는 적의 귀고리를 모아 그 금으로 에봇 하나를 만들어 자기 성읍 오브라에 두었다. 그러나 이 에봇은 후에 우상숭배의 대상이 되어 기드온과 그의 집에 올무가 된다. 기드온이 살아있던 40년 동안은 나라가 태평하였으나 그가 죽자 사람들은 다시 하나님 여호와를 떠나 바알을 섬겼다.

▶ 입다 10:6~12:7

암몬 사람들의 위협을 견디다 못한 길르앗 주민들은, 기생이 낳은 아이라는 이유 때문에 고향에서 쫓아낸 용사 입다에게 사람을 보내어, 군의 지휘를 맡아달라고 요청하고 장관으로 임명하였다.

입다는 처음에 암몬 자손의 왕과 교섭을 하여 위기를 극복하려 하였으나 암몬 왕은 이에 응하지 않았다. 이때 여호와의 영이 입다

젊은이를 위해
요약한 구약성경 이야기

에게 임하셨다.

전투를 앞둔 입다는 여호와께 서원하여, 하나님이 입다에게 승리를 허락하신다면, 전투에서 돌아올 때 누구든지 제일 먼저 내 집 문에서 나와, 나를 영접하는 자를 여호와께 드리겠다고 하였다. 입다의 기도는 이루어졌다. 그러나 개선한 그를 제일 먼저 맞이한 것은 가장 사랑하는 외동딸이었다.

아버지의 서원 내용을 안 딸은 아버지를 격려하고, 스스로를 희생하였다. 번제로 불태워지기 전 그녀는 친구들과 함께 두 달 동안 산에 들어가 애통하였다. 이 일로 하여 이스라엘의 딸은 해마다 나흘씩 입다의 딸을 위해 애곡한다. 입다는 6년 간 이스라엘을 지도하였다.

▶ 입산· 엘론· 압돈 12:8~15

그 후 베들레헴 출신인 입산, 스불론 사람 엘론, 에브라임족 비라돈 출신인 힐렐의 아들 압돈이 사사가 되었다.

▶ 삼손 13:1~16:31

삼손의 이야기이다. 이스라엘이 40년 동안 불레셋 사람에게 고통당하고 있을 때, 단 지파에 마노아라는 자가 있어, 아들을 낳았는데 그가 삼손이다. 마노아의 아내는 본래 임신하지 못하는 여인이었는데, '기묘자'라는 여호와의 사자가 나타나 약속한 일이다. 하지만 태어나는 아이는 나면서부터 그가 죽는 날까지 하나님께 바쳐진 사람으로 평생 포도나무에서 나는 열매, 술, 부정한 음식을 금하며, 머리에 삭도를 대는 일도 금지되었다. 이런 사람을 나실인이라고 한다.

삼손은 하나님의 보호를 받으며 자랐고, 하나님의 영이 자주 그에게 임하셨다. 하나님의 영이 그에게 임할 때, 그의 힘은 초인적이었다.

삼손은 불레셋 여인과 결혼하였다. 그 혼례 잔치에 모인 불레셋 사람 30명에게 그는 "먹는 자에게서 먹는 것이 나오고 강한 자에게서 단 것이 나왔다"는 수수께끼를 풀라고 하였다. 그것은 여호와의 영이 강하게 임하여 맨손으로 사자를 죽인 영웅적인 그의 첫 번째 행위를 말한다. 즉 삼손이 죽인 사자의 몸에 벌떼와 꿀이 있었던 것을 뜻한다. 그는 이 수수께끼를 푸는 데 베옷 30벌과 겉옷 30벌을 걸었다. 수수께끼를 풀지 못해 삼손의 아내를 협박한 그들은 7일째 되는 날 그의 아내를 통해 답을 얻어냈다.

여호와의 영이 삼손에게 임하여 그는 아스글론 성읍에서 불레셋 사람 30명을 살해하고, 노략한 옷을 수수께끼를 푼 자에게 주었다. 비밀을 알려 준 아내를 그녀의 아버지는 삼손의 친구였던 남자에게 아내로 주었는데, 이에 격분한 삼손은 여우 3백 마리를 붙들어서 꼬리와 꼬리를 매고, 그 사이사이에 횃불을 달아 불레셋 사람들의 곡식밭을 불태웠다.

불레셋 사람은 유다 사람들을 협박하여 삼손을 넘기라고 하였다. 유다 사람들이 삼손을 결박하여 그들의 손에 넘겨주었는데, 결박했던 밧줄은 불에 탄 삼실처럼 풀어지고 삼손은 나귀 턱뼈로 천 명을 쳐서 죽였다. 또 가사의 성문을 뺀 후, 어깨에 메고 헤브론 앞

젊은이를 위해
요약한 구약성경 이야기

산 꼭대기로 갔다.

삼손은 소렉 골짜기에 사는 들릴라라는 여인을 사랑하게 되었다. 불레셋 사람은 삼손의 괴력의 비밀을 알아내려고 들릴라를 매수하였다. 삼손은 세 번 그녀의 간청을 피해 갔지만 마침내 들릴라의 애원에 못 이겨 그 비밀을 알린다. 삭도를 댄 일이 없는 그의 머리털이 힘의 원천이라고 말했다.

들릴라는 무릎 위에 삼손을 재우고, 불레셋 사람을 불러 그의 머리털을 밀게 한 후 넘겨주었다. 그 들은 삼손의 두 눈을 빼고 가사로 끌고 가, 놋줄로 매어 옥에서 맷돌을 돌리게 하였다.

불레셋 사람 방백이 모여, 그들의 신 다곤에게 큰 제사를 드릴 때, 삼손은 군중 앞으로 끌려 나갔다. 남녀가 가득 모여, 지붕 위에도 3천 명의 구경꾼이 있었다. 삼손은 여호와께 부르짖어 "한 번만 더 나를 강하게 하사 불레셋 사람에게 원수를 갚게 하소서" 하고, 신전을 버티고 있는 두 개의 기둥 가운데 서서 양팔로 기둥을 밀었다. 집은 곧 무너지고 그 안에 있던 사람들을 모두 덮쳤다. 삼손의 머리가 다시 자란 것이다.

삼손도 죽었으나 그때 죽인 자의 수는 그가 생전에 죽인 수보다 많았다. 그의 유해를 친척들이 거두어, 고향에 있는 아버지 마노아의 무덤에 장사지냈다.

다른 사사들은 전쟁을 위해 백성들을 조직하고 다스렸지만 삼손은 홀로 영웅적인 싸움을 하였다. 하나님은 삼손을 통하여 이스라엘을 위협했던 많은 불레셋 사람을 쳐부수셨다. 그가 사사로 활약한 것은 20년 동안이었다.

▶ 미가와 제사장 17~18

당시에는 이스라엘에 왕이 없었으므로 사람들마다 자기 소견대로 행동하였다. 여기 나오는 이야기로 당시의 이스라엘 종교가 얼마나 부패했는지 알 수 있다.

에브라임에 사는 미가도 그 하나로, 신당을 세워 에봇과 드라빔을 만들어 아들 하나를 제사장으로 삼았다. 그런데 한 레위인 청년이 찾아와 함께 거주하게 되었고, 미가는 그를 거룩하게 구별하여 자기 제사장으로 세웠다.

한편 단 지파는 그때까지 거주할 기업의 땅을 가지지 못했으므로 5인의 용맹한 자를 파견하여 살만한 땅을 살피게 하였다. 다섯 용사들은 미가의 집을 경유하여 라이스에 이르렀다. 거기 주민들은 안정되고 풍족하여, 무엇 하나 걱정 없는 평화로운 삶을 누리고 있었다.

5인의 용사들은 돌아와 무장한 6백 명 병사를 이끌고 라이스로 향했다. 그 도중에 다시 미가의 집에 들러 거기 안치되었던 새긴 신상과 에봇 드라빔과 부어 만든 신상을 강탈하고, 레위인인 제사장도 데리고 가 버렸다. 미가는 항의하는 것 외에는 아무것도 할 수 없었다.

단의 병사들은 라이스를 습격하여 주민을 칼로 치고, 성읍에 불을 질러 점령하였고, 도성을 고쳐 세우며, 그곳에 살면서 이름을 단이라고 하였다. 그들은 거기에 미가에게서 약탈해 간 신상을 놓고, 종족을 위한 제사장으로 모세의 자손을 임명하여 백성이 사로잡히는 날까지 그곳에 살았다.

▶ 레위인의 아내 19~21

그 무렵 유다 베들레헴에 있는 첩의 집에서, 에브라임 오지를 향해 가는 한 레위인 나그네가 있었다. 그는 베냐민에 속한 기브아 거리에서 유숙하려 하였다. 음행한 죄를 짓고 도망간 첩을 데리고 돌아가는 길이었다.

밭에서 돌아오던 한 노인이 그들을 보고 자기 집으로 데리고 가 대접하였는데, 불량배들이 그 집을 에워싸고 나그네를 죽이려 하였다. 노인은 자기 딸과 남자의 첩을 주겠다고 말했는데 그들은 듣지 않았다. 결국 레위인은 첩을 내놓았다. 그들은 그녀를 범하고, 밤새도록 능욕하다 새벽에 놓아주었다.

나그네가 아침에 길을 떠나려고 문 밖에 나와 보니 쓰러져 있는 첩은 죽어 있었다. 나그네는 그녀를 집으로 데리고 돌아와 그 육체를 열 두 도막내어 이스라엘 전 지역으로 보냈다.

이 사건을 안 이스라엘 사람들은 각지에서 미스바로 모여 베냐민 제재를 결의하였다. 기브아에서 악행을 저지른 불량배들의 인도를 거부한 베냐민 사람들은 도리어 무장하고 기브아로 집결하였다.

한편 이스라엘 모든 백성이 하나님의 언약궤가 있던 벧엘에 올라가, 여호와께 여쭈니 내가 그를 네 손에 넘겨주리라 하셨다. 전투는 사흘 동안 계속되었다. 처음 이틀은 베냐민의 압승으로 끝나, 2만 2천, 이튿날엔 1만 8천 명의 이스라엘 자손을 엎드러뜨렸다. 그러나 사흘 째 되는 날은 이스라엘의 작전이 주효하고, 매복에 성공하여 기브아 안팎에서 베냐민을 무찔렀다. 이날 베냐민 사람으로서 칼을 뺀 자 2만 5천 명이 죽었다. 그러나 탈출하여 4개월 동안 림몬 바위에 숨어 산 자가 6백 명 있었다.

이스라엘의 모든 민족은 미스바에서 그들의 딸을 베냐민 사람에게로 시집보내지 않기로 서약하였다. 싸움이 끝난 후 그들은 벧엘에 모여 이스라엘에서 한 지파가 없어지는 것을 한탄하여 하나님께 희생 제물을 바친 후 대응책을 강구하였다. 그런데 전에 미스바 집회 때 전원이 참가하여 서약했는데도 불구하고, 야베스 길르앗에서는 한 사람도 이 총회에 참여하지 않았다는 사실을 알았다.

그래서 사람들은 용사 1만 2천을 야베스 길르앗으로 보내, 남자 및 남자를 안 여자를 멸하고 처녀 4백 명을 붙잡아, 림몬의 베냐민 생존자와 화해하고 그녀들을 주었다. 또 남은 생존자들에 대하여는 해마다 실로에서 행하는 여호와의 명절이 있는데, 그때에 춤추러 나온 딸들을 붙잡아 아내로 삼도록 하라는 방책을 만들어 베냐민 자손의 단절을 막은 것이다.

룻기

내게 어머니를 떠나 돌아가라고 강권하지 마옵소서
어머니께서 가시는 곳에 나도 가고
어머니께서 머무시는 곳에 나도 머물겠나이다
어머니의 백성이 나의 백성이 되고
어머니의 하나님이 나의 하나님이 되시리니

사사기 후시대를 배경으로 기록된 작자 미상의 역사서이다. 사무엘이라는 설도
있다. 기록 연대는 B.C.1010~970년경이다.

룻기(룻記)의 특징

사사시대에 살았던 '모압 여자 룻'을 에워싼 감동적인 사랑 이야기이다.

히브리 단편 문학의 완전한 작품이며 고도의 예술성을 지니고 있다.

하나님의 보이지 않는 인도하심에 따라 유다 가문의 보아스와 결혼한 룻은 다윗의 할아버지 오벳을 낳게 된다.

▶ 나오미의 귀환 1:1~18

사사들이 치리하던 때, 베들레헴에 살던 엘리멜렉이라는 사람이 그의 아내 나오미를 데리고 모압 지방으로 이주하였다. 흉년 때문이었다. 나오미는 말론과 기룐이라는 아들 둘을 낳았는데, 엘리멜렉은 그곳에서 죽고, 아들들은 모압 여자 중에서 그들의 아내를 맞이하였다. 하나는 오르바이고 다른 하나는 룻이었다. 십 년쯤 지나 아들 둘이 다 죽어, 나오미는 살아갈 희망을 잃게 된다. 때마침 베들레헴에 풍년이 들었다는 소식이 들렸다. 나오미는 며느리들과 작별하고 모압을 떠나 유대 땅으로 돌아가기로 하였다. 그러나 룻은 한사코 나는 시어머니의 백성이므로 함께하겠다고 한다.

▶ 룻과 보아스 2~4

나오미의 남편 엘리멜렉의 친족 중 보아스라는 유력한 자가 있어, 룻은 그의 밭에 가서 이삭을 줍게 된다. 보아스는 룻에게 각별한 배려를 하였다. 룻은 얼굴을 땅에 대며, 이방 여인인 내게 어찌 이런 은혜를 베푸시느냐고 말한다. 보아스는 시어머니에게 행한 모든 일과, 네가 부모와 고국을 떠나온 마음도 내가 잘 안다. "이스라엘의 하나님 여호와께서 그의 날개 아래 보호를 받으러 온 너에게 온전한 상을 주시기를 원하노라"라고 말하였다.

룻이 시어머니 나오미의 명령대로 타작마당에 내려가서 곡식 단더미에 누운 보아스 발치에 가서 누웠다. 밤중에 놀라 깬 보아스에게 "당신의 옷자락을 펴 당신의 여종을 덮으소서 이는 당신이 기업을 무를 자가 됨이니이다" 하고 룻이 말한다.

보아스는 열 장로를 모아, 나오미가 엘리멜렉의 소유지를 팔려고 한다는 말을 전하였다. 기업 무를 자가 자기 기업에 손해가 있을까 봐, 나는 무르지 못 하겠다면서 그 확정의 증거로 신을 벗어 주었다. 다음 순번은 보아스였다. 모든 백성과 장로들이 "우리가 증인이 되어 여호와께서 이 젊은 여자로 말미암아 네게 상속자를 주시기를 원하노라"라고 축복하였다.

보아스는 룻을 아내로 삼았고, 임신하여 아들을 낳았다. 나오미가 아기를 품에 품고 양육하니 그 이름은 오벳이다. 그는 다윗의 아버지 이새의 아버지였다.

사무엘 상·하

여호와께서 번제와 화목제 드리는 것과,
주의 말씀에 순종하는 것
어느 쪽을 더 좋아하시겠습니까
순종이 제사보다 낫고 듣는 것이 수양의 기름보다
낫습니다

- -

사무엘 상하(上下)는 한 권의 책이다. 저자는 알려지지 않았다. 사무엘을 저
자로 보는 시각도 있으나, 그의 죽음에 대한 기록도 있어 다양한 원기록을 편집
한 것 같다. 이 책은 사사기의 마지막부터 다윗의 왕국 수립까지 약 100년의 역
사를 다룬다. 선지자 사무엘과 사울, 다윗을 둘러싼 이야기이다.

이스라엘의 왕은 곧 하나님이심을 잊고 사람들은 왕의 통치를 요구했다. B.C.11세기에 활동한 사무엘은 이스라엘에 왕정을 수립하는 데 하나님의 쓰임을 받는다.

사무엘의 생애

▶ 탄생과 어린 시절 삼상 1~3

에브라임 산지에 사는 엘가나라는 사람에게 두 아내, 브닌나와 한나가 있었다. 한나는 자식이 없어 하나님의 언약궤가 있는 실로의 성전에 가서 열심히 기도하며 서원하였다.

마침내 사내아이가 태어났다. 그의 이름을 사무엘이라 하고 젖을 뗌과 동시에 서원한 대로 하나님을 섬기는 사람으로서 여호와의 성전에 맡겨졌다.

실로 성전에 있는 제사장 엘리는 나이가 많았고, 그 아들들은 하나님을 경외하지 않는 행실이 고약한 자들이었다. 그러므로 엘리 일가족은 하나님의 저주를 받았고, 자손들을 제사장의 직분에서 끊어 영원히 심판하시겠다고 하셨다. 이들을 대신하여 택함을 받은 것이 사무엘이었다. 사무엘은 여호와를 섬기면서 성장하였고, 여호와가 사무엘과 함께 계시어, 온 이스라엘은 사무엘이 여호와의 선지자로 세우심을 입은 줄을 알았다.

▶ 빼앗긴 언약궤 4~6

아벡 근교에서 이스라엘과 블레셋 사람의 전투가 벌어져, 이스라엘 군사 4천이 쓰러졌다. 이스라엘은 실로에 있는 하나님의 언약궤를 전쟁마당에 끌어내어, 여호와의 가호 아래 역습을 시도했는데 또 다시 패하여 3만의 보병을 잃고, 하나님의 언약궤는 빼앗겼다. 엘리의 아들 홉니와 비느하스가 이때 함께 죽었고, 엘리는 언약궤를 빼앗겼다는 소식을 듣자 의자에서 뒤로 넘어가 목이 부러져 죽었다.

하나님의 언약궤를 빼앗은 블레셋 사람은 그 벌을 받았다. 그들이 다곤 신전에 들어가 하나님의 궤를 다곤 곁에 두었더니 다곤상은 머리와 손이 잘리고, 몸통만 남아 엎드러졌다. 하나님은 사람들을 독한 종기로 치시고, 성읍은 쥐의 피해로 재앙을 내리셨다.

그들은 하나님의 언약궤를 에그론으로 보냈는데 에그론 사람들의 반대로 7개월 동안 들에 방치되었다. 블레셋 사람은 의논 끝에 그들의 방백 수효대로 금 독종 다섯과 금 쥐 다섯 마리의 형상을 만들어 두 마리의 소가 끄는 수레에 실어 이것을 이스라엘로 돌려보냈다. 이것은 벧세메스를 거쳐 기럇여아림으로 보내졌고 주민들이 아비나답의 집에 들여놓았다. 그 후 20년 동안 이스라엘 온 족속이 여호와를 사모하였다.

▶ 민족적 회개 7

사무엘은 미스바에 온 이스라엘을 모아. 하나님께 번제를 드렸다. 블레셋은 이 기회를 놓치지 않고 도전해 왔는데, 사무엘이 번제를 드리고 간구하니 이번에는 우레를 발하시어 이스라엘이 승리를 거두었다. 그리고 잃었던 영토를 블레셋 사람에게서 도로 찾고, 사무엘은 그곳에 돌을 세워 에벤에셀이라 하였다.

사무엘은 해마다 벧엘, 길갈, 미스바를 순회하며 이스라엘을 지도하였고, 고향인 라마에 여호와의 제단을 쌓아 평생 이스라엘을 다스렸다. 그는 이스라엘의 가장 위대한 사사였다.

사울 왕의 치세

▶ 왕을 요청 8~12

사무엘이 늙어, 그의 아들 요엘과 아비야를 후계자로 삼았는데, 그들은 이익을 따라 뇌물을 받고 판결을 그릇되게 하였다. 이스라엘의 모든 장로가 모여, 사무엘에게 우리도 다른 나라와 같이 왕을 세워 다스리게 하라고 요구하였다. 사무엘은 그들의 요구를 기쁘게 여기지 않았다. 왕제는 결국 왕과 관리들의 노예가 될 것이라는 여호와의 경고가 있었음에도 백성들은 한사코 왕을 요구하였다.

이렇게 베냐민 지파 출신인 기스의 아들 사울이 왕위에 오른 것이다. 그는 젊고 아름다우며 준수하고 키도 컸다. 사흘 전에 잃은 나귀를 찾아 나선 사울을, 하나님은 사무엘과 만나게 하셨다. 사무엘은 사울의 머리에 기름을 붓고 여호와께서 그의 기업의 지도자로 삼으셨다고 말하였다.

왕이 된 사울은 먼저 암몬 사람의 습격을 격퇴하여 길르앗 야베스 주민을 구해냈는데, 길갈에 모인 백성은 여호와 앞에서 새로이 사울을 왕으로 삼고 기뻐하였다.

　그러나 사무엘은 온 이스라엘에게, 모세로 하여금 애굽 땅에서 조상을 인도하신 하나님의 역사를 들려주며, 이스라엘 왕은 여호와 하나님 외에는 없다고 말하였다. 하나님은 사람들의 소원을 받아들여 왕을 주셨지만, 여호와를 경외하고 그를 섬기고 따르지 않으면 왕을 요구한 악의 대가는 왕과 사람에게 내릴 것이라고 경고하였다.

▶ 사울 왕의 불손 13
　병거와 마병, 해변에 모래알 같이 모인 많은 백성들로 구성된 압도적인 블레셋 군대가 믹마스에 집결하였다. 사울의 아들 요나단이 블레셋 수비대를 습격한 것이 그 원인이었다. 블레셋 사람은 이스라엘 사람들이 무기를 소지하는 것을 금했음으로, 칼과 창은 사울과 요나단만 가지고 있었다. 이스라엘 백성들은 두려워하며 굴과 수풀, 바위와 웅덩이에 숨었다. 사무엘의 명을 지켜 7일 동안 대기하고 있던 사울은, 사무엘의 도착이 늦어지자 백성들이 흩어지는 것을 보고, 자기 자신이 번제를 드리고 하나님께 기원하였다. 이것을 안 사무엘은 분노하여 하나님의 명을 어긴 사울의 왕국이 길지 못할 것임을 예고하였다.

▶ 하나님의 침묵 14
　요나단이 자기 무기를 든 소년 하나만 데리고, 믹마스에 진을 친 블레셋 군대로 쳐들어가 처음 쳐 죽인 자는 20명가량 되었다. 삽시간에 블레셋 진영에 공포와 혼란이 일어나, 자기 편 병들끼리 서로 치기 시작하였다. 이것을 안 사울은 군대를 이끌고 전쟁터로 달려가 대승리를 거두었다.

이 전투가 벌어지는 동안 사울은 백성들에게 음식을 금하라고 명하였다. 그러나 이것을 알지 못한 요나단이 수풀 땅에 벌꿀이 있어 지팡이 끝에 찍어 입에 대었다. 그랬더니 눈이 밝아졌다. 그래서 그날 피곤하고 지친 백성들은 사울의 명을 어기고 양과 소와 송아지를 잡아 피째 먹게 되었다. 전투가 끝난 후 사울은 단을 쌓고 하나님께 아뢰며, 내가 블레셋 사람들을 추격하리이까 하고 여쭈었으나 응답하지 않으셨다. 사울은 그것이 명령을 어긴 요나단의 죄에 있음을 알았다.

▶ 사무엘의 분노 15

사무엘의 명에 따라 사울은 아말렉을 쳤다. 그 왕 아각을 사로잡고 백성을 진멸시켰는데, 그 재산 중 가장 좋은 양과 소를 제외시켰다. 이것은 명령 위반이었다. 죄인인 아말렉 사람을 모조리 진멸하는 것이 그 임무였다. 사무엘은 분노하였고, 아각을 죽인 후 고향 라마로 돌아와 죽는 날까지 다시는 사울을 보지 않았다. 하나님은 사울을 왕으로 삼은 것을 후회하셨다.

다윗의 등용

▶ 새로운 왕 16

하나님은 사무엘을 베들레헴에 있는 이새에게 보내셨다. 새로이 왕이 될 자가 그의 일곱 아들 가운 데 있다고 하셨다. 사무엘은 이새의 막내아들 다윗을 보고, 하나님의 명을 따라 뿔병에서 기름을 따라 그에게 부었다. 이렇게 하나님의 영은 사울을 떠나 다윗에게 임하셨다.

한편 사울은 악령에 시달리게 되었다. 악령을 쫓아내기 위해 수금을 잘 타는 자를 불러들였다. 그가 다윗이었다. 사울은 다윗을 총애하고, 왕의 무기를 드는 자로 임명하였다.

▶ 다윗과 골리앗 17

소년 다윗은 엘라 골짜기에서 놋 투구와 갑옷으로 무장한 블레셋 용사, 거인 골리앗에 대항하여 돌 물매로 이마를 쳐 죽였다. 이것은 전적으로 하나님을 의지했기 때문이다.

이때까지 사울은 다윗을 몰랐는데 이 무훈을 세우므로 다윗이 부장으로 등용되었다는 말도 있다.

▶ 사울의 질투 18~20

다윗은 대장으로 임명되어 전투마다 무공을 세워, 그가 돌아올 때 여인들은 춤을 추며 노래하였다. "사울이 죽인 자는 천천이오, 다윗은 만만이로다".

사울은 다윗을 두려워하여, 두 번이나 수금을 타는 다윗에게 단창을 던졌으나 다윗은 이를 피하였다. 또 사울은 자기 딸 메랍과 미갈을 주겠다고 약속하고, 어려운 임무를 맡겨 블레셋 사람으로 하여금 그를 죽이게 하는 꾀를 썼다. 그러나 다윗은 하나님과 함께 있었고, 다윗은 임무를 완수함으로써 더욱 더 명성이 높아졌다.

한편 사울의 아들 요나단은 다윗을 깊이 사랑하였다. 음으로 양으로 그를 감싸고, 그를 도망가도록 도왔다. 서로 자기 생명처럼 아끼는 두 사람의 지고한 사랑은 유례 없이 아름다운 것이었다.

다윗의 도피 생활

▶ 놉의 제사장들 22~26

다윗은 때로는 블레셋 왕 중 하나인 아기스에게, 혹은 모압 왕에게도 보호를 받아 가며 사울의 추적을 피하였다. 그의 도망을 도왔던 놉의 제사장 아히멜렉은 왕에게 불려갔는데 다윗처럼 충실하고, 존귀한 자가 어디 있느냐고 말했다. 화가 난 사울은 목자장 에돔 사람 도엑을 시켜 제사장 85명을 죽였다. 아히멜렉의 아들인 제사장 아비아달 한 사람만이 피하여 다윗과 합류하였다.

그 후 다윗에게 위기를 모면하게 한 것은 아비아달이 가지고 있던 에봇을 매개로, 다윗이 가야 할 길을 하나님이 보이셨기 때문이다.

도망 중에도 다윗은 두 번 사울과 만나 그를 살해할 좋은 기회를 가졌다. 뒤를 보러 깊은 굴속에 들어가 있는 사울, 다윗은 하나님께 기름 부으심을 받은 사람에게 손댈 수 없다 하여 그의 옷자락만 베어 들고 나왔다.

다윗은 가드 왕 아기스의 비호 하에, 지방 성읍 시글락에 봉토를 얻어 사울의 탐색을 피하였다. 그동안 다윗은 아비가일과 아히노암

두 아내와 6백 명의 동행자를 거느리고 있었다. 아내 중 아비가일은 다윗의 식량 제공 요구를 받아들이지 않은 갈멜 사람 나발의 아내였다.

▶ 엔돌의 무당 28

사울의 마지막 때가 가까웠다. 사무엘은 죽었고, 하나님은 꿈으로나 우림, 선지자를 통해서도 사울에게는 대답하지 않으셨다. 사울은 엔돌에 있는 신접한 여인을 찾아가 사무엘의 영을 불러오라고 했다. 사무엘의 영은, 아말렉 전투에서 사울이 명령을 위반하였으므로 왕국을 다윗에게 주셨음을 고하고 사울과 이스라엘의 멸망을 예고하였다.

▶ 사울의 죽음 31

아벡에 집결한 블레셋 군과 이스라엘의 전투는 이스르엘 들판에서 벌어졌다. 이스라엘은 패하고 많은 사람들이 도망하여 길보아 산에서 엎드러져 죽었다.

요나단도 전사하고, 사울도 중상을 입었는데 스스로 자기 칼에 엎드러져 그 생을 마감했다. 이튿날 사울의 시체는 목이 잘리고, 갑옷이 벗겨져 벧산 성벽에 못박혔다. 이전에 사울이 위기에서 구해 준 길르앗 야베스 용사들이 이 소식을 듣고 밤새도록 행군하여 왔다. 그리고 사울과 그 아들들의 시체를 내려 야베스로 돌아가 화장하고 7일 동안 금식하였다.

전투 대열에서 떠났던 다윗이 시글락에 돌아온 것은, 아말렉 사

젊은이를 위해
요약한 구약성경 이야기

람들이 도성을 불사르고, 그의 처자를 포로로 끌어간 후였다. 다윗은 여호와를 힘입어 용기를 얻고 그들을 추격하였다. 한 애굽 소년의 안내로 전승에 취한 아말렉진을 습격하여 그들을 쳐 죽이고, 빼앗긴 모든 것을 도로 찾아 시글락으로 돌아왔다.

▶ 다윗의 애도 삼하 1

다윗이 시글락에 돌아온 지 사흘 만에 사울과 요나단이 죽었다는 소식이 왔다. 소식을 알린 청년의 손에 왕관과 팔찌가 들려 있었다. 다윗은, 사울이 비록 고통 중에서 찔러 달라 했다 하더라도 여호와의 기름부음을 받은 자 죽이기를 두려워하지 않은 그 청년을 죽이라고 했다. 그리고 사울과 요나단이 '생전에 사랑스럽고 아름다운 자이러니 죽을 때도 떠나지 아니하였도다' 하며 슬픈 노래를 불러 애도하였다.

다윗의 통치

▶ 헤브론 왕 다윗 2~4

그 후 다윗은 여호와의 지시대로 헤브론으로 갔다. 유다 사람들이 그에게 와서 기름을 부어 유다 족속의 왕으로 삼았다.

한편 사울의 군대장 아브넬은 사울의 아들 이스보셋을 데리고 마하나임으로 건너가 유다를 제외한 온 이스라엘의 왕으로 삼았다.

양가 사이에 전쟁이 계속되었다. 다윗 쪽이 우세하였으나, 사울

집안에서는 장군 아브넬이 세력을 확장하였다. 이스보셋 왕과 알력이 생겨 아브넬은 이스라엘 장로를 설득하여 다윗과 화해하기 위해 헤브론으로 향하였다. 다윗은 아브넬과 함께 온 사람들에게 잔치를 베풀고 편안하게 돌려보냈다.

적군을 치고 약탈한 물건을 가지고 뒤늦게 돌아온 다윗의 군대장 요압은 이 사실을 알고 전령들을 보내 아브넬을 되불러왔다. 그리고 동생 아비새와 모의하여 아브넬을 살해하였다. 그것은 지난날, 전투에서 그들의 동생 아사헬을 아브넬이 죽였기 때문이다. 다윗은 아브넬의 피에 대하여 자신과 나라는 여호와 앞에 영원히 결백하다고 말하며, 요압을 책망하고, 아브넬을 애도하는 노래를 지어 부르고 금식하였다.

다윗의 이스라엘 통일

아브넬을 잃은 이스보셋은 부하에게 살해되고, 이스라엘의 장로는 헤브론에 와서 다윗을 온 이스라엘의 왕으로 추대하기로 하였다. 다윗이 여부스 사람이 사는 예루살렘을 치고 시온 산성을 빼앗으니 이것을 다윗성이라 불렀다. 다윗은 30세에 왕위에 올라 40년 동안 다스렸다.

▶ 언약궤의 귀환 5~9
다윗은 연달아 블레셋을 격퇴하고 하나님의 언약궤를 다윗 도성에 있는 장막으로 옮겼다. 다윗은 선지자 나단에게 "나는 백향목 궁에 사는데 하나님의 궤는 휘장 가운데 있다"고 하였다. 이때 하나님은 나단을 통해 "그는 내 이름을 위하여 집을 건축할 것이요, 나는 그의 나라 왕위를 영원히 견고하게 하리라"는 약속을 하셨다. 다윗은 주위의 적을 무찌르고, 각지에 수비대를 두어, 이스라엘 온 땅을 다스리고 백성들에게 정의와 공의를 행하였다. 사울 가문에서 살아남은 사울의 손자, 요나단의 아들인 므비보셋도 다윗 왕의 보호를 받으며 항상 그의 식탁에 함께 하였다.

▶ 다윗과 밧세바 11~12

그러나 다윗은 하나님 보시기에 악한 일을 행하였다.

암몬 사람들과 한창 전쟁 중인 때, 예루살렘에 남아있던 다윗은 옥상을 거닐다가 한 여인이 목욕하는 것을 보고, 그 여인과 동침하였다. 여인은 전쟁터에 나가 있는 우리아의 아내 밧세바였다. 그녀가 임신한 것을 안 다윗은 우리아를 불러 아내와 동침하게 하려 하였는데, 우리아는 부하들과 야영하고 집으로 가지 않았다.

다윗은 사령관 요압 앞으로 보내는 편지를 우리아에게 주며 그를 싸움터로 돌려보냈다. 그 편지는 우리아를 최전방 격전지로 보내고 함께 한 군사들은 후퇴시켜, 그가 맞아 죽게 하라는 내용이었다. 우리아는 죽었으며, 이 일을 안 선지자 나단은 다윗에게 여호와의 말씀을 전하고 자기 집으로 돌아갔다.

"나를 업신여기고 우리아의 아내를 네 아내로 삼았은즉 칼이 네 집에서 영원토록 떠나지 아니하리라, 또 내가 네 집에 재앙을 내리고, 내가 네 눈앞에서 네 아내를 빼앗아 네 이웃들에게 줄 것이며,

태어나는 아이는 반드시 죽으리라". 태어난 아이는 죽었으나 그 후 밧세바는 다윗에게서 솔로몬을 낳았다.

다윗 가문의 전쟁

다윗의 셋째 아들 압살롬에게 다말이라는 아름다운 누이가 있었다. 그들의 배다른 오라버니인 암논이 그녀를 사랑하게 되었다. 완력으로 그녀를 범한 암논은 목적을 이루자 그녀를 몹시 미워하게 되어 문밖에 내다 버리고 문빗장을 질렀다. 누이의 복수를 결심한 압살롬은 2년 후 암논을 살해하고 다윗에게서 도망쳤다.

요압의 주선으로 압살롬은 예루살렘으로 돌아오지만, 2년 동안 다윗을 알현하는 일은 허락되지 않았다.

▶ 압살롬의 복수 13~17

요압을 부추기어 다윗과 화해한 압살롬은 은밀히 병을 모았고 성읍에 나가 민심을 얻으려고 애썼다. 4년 동안 준비한 후 헤브론으로 내려가, 그의 모반을 모르고 따라온 병을 이끌고 다윗에게 반역의 깃발을 들었다. 그가 다윗의 모사 아히도벨을 청해 와, 압살롬을 따르는 백성이 늘어나니 반역의 거사는 점점 더 거세졌다. 다윗은 성읍을 내 주고, 백성들과 광야로 피하였다.

그가 떠날 때 예루살렘에는 10명의 처첩과 제사장 사독과 아비아달을 그 아이들과 함께 남겨놓았다. 또 왕의 친구인 후새도 남았다. 예루살렘 입성을 성공시킨 압살롬은 아히도벨의 계략에 따라 두고 간 아버지의 처첩을 이스라엘 무리의 눈앞에서 범하였다.

이어 아히도벨은 즉각 다윗을 추적하자고 제의하였다. 그러나 이 계획은 다윗이 시간을 벌 수 있게 하려는 후새의 계략으로 저지되었다. 후새는 제사장의 아들을 보내, 다윗의 도주를 서두르게 하여 그 위기를 모면케 하였다. 계략이 채택되지 못한 아히도벨은 고향에 돌아가 자해하였다.

▶ 압살롬의 죽음 18

에브라임 수풀에서 결전이 벌어졌다. 전투는 다윗 쪽의 승리였는데, 다윗은 사전에 3명의 지휘관에게 압살롬을 보호하라고 명하였다. 그런데 요압은 작은 창 셋을 들고 가 그의 심장을 찔렀다. 다윗은 아들의 죽음 앞에서 슬피 울며 통곡하였다.

싸움에서 패하고 왕을 잃은 이스라엘의 모든 민족은 각기 그들의 장막으로 돌아갔고, 성읍을 떠난 다윗을 다시 예루살렘으로 모셔오자는 의논을 하였다. 그러나 왕을 맨 처음 모시러 요단까지 간 것은 유다 족속이었다.

다윗은 출발에 앞서 압살롬의 지휘관 아마사를 요압 대신 지휘관으로 삼기를 서약하고 안전을 꾀하였다. 그러나 왕을 제멋대로 모셔가려는 유다 족속에 대해, 이스라엘은 불만이 많았다.

이 알력은 베냐민 자손인 비그리의 아들 불량배 세바의 반란으로 번져, 이스라엘은 세바를 따르고 유다 사람들은 다윗을 따라 예루살렘 입성을 수행한 것이다.

▶ 요압의 부상 19~23

아마사는 요압에 의해 교묘하고 잔인하게 제거되었다. 세바의 반
란도 요압의 계략으로 진압되었다. 다윗 말기로 가면서 권력의 핵심
으로 등장한 냉혈 사령관은 이 요압이었다.

그 후에도 나라에는 기근이 있었고, 재삼 불레셋과의 전쟁이 있
었다. 기근에 대하여는 사울이 흘린 기브온 사람들의 피의 대가로
사울의 일곱 손자의 피를 기브온에 흘리게 하였고, 전쟁에서는 다
윗의 용사들이 불레셋의 거인들을 죽임으로 승리를 얻었다. 이어
다윗의 여호와를 찬양하는 기나긴 노래와 마지막 말이 나온다.

▶ 인구 조사 24

하나님은 다시 이스라엘을 향하여 진노하사 그들을 치시려고 다
윗을 격동시키사 지배하에 있는 이스라엘 백성의 수를 조사하게 하
셨다. 하나님은 전염병을 이스라엘에 퍼뜨려 7만의 생명을 빼앗으
셨다. 다윗이 선지자 갓의 말을 따라 여부스 사람 아리우나의 타작
마당을 사서 제단을 쌓고, 번제와 화목제를 드리니, 이스라엘에게
내리는 재앙이 그쳤다. 그 타작마당은 훗날 성전 터가 된다.

열왕기 상·하

너희가 어느 때까지 둘 사이를 머뭇머뭇 하려느냐
여호와가 하나님이면 그를 따르고 바알이 만일
하나님이면 그를 따를 지니라

　열왕기 상·하는 본래 한 권이며, 작자는 확실하지 않으나 일반적으로 예레미
야의 기록으로 본다. 전체가 47장으로 되어 있으며, 다수의 역사적인 고대 자료
들을 참고하였다.

열왕기(列王記) 상·하는 솔로몬 치세(B.C.975년)부터 왕국의 붕괴까지 이스라엘과 유다 왕들의 역사를 다룬다. 또 질풍과 같고, 까다롭기도 한 하나님의 영으로 가득 찬 예언자들에 관한 책이기도 하다.

다윗의 죽음

▶ 왕위 계승 투쟁 왕상 1:1~2:12

다윗이 늙어, 이불을 덮어도 따뜻하지 않아, 시종들이 아리따운 수넴 처녀 아비삭으로 왕의 시중을 들게 하였는데, 잠자리는 같이 하지 않았다. 그 때 4남인 아도니야는 장군 요압과 제사장 아비아달을 후원자로 삼고 병을 모아 왕위를 노리고 있었다. 선지자 나단은 제사장 사독과 장군 브나야와 의논하여 왕비 밧세바를 부추겨, 다윗이 밧세바의 아들 솔로몬을 후계자로 임명하도록 요청하게 하였다. 나단의 계책이 성공하였다. 다윗은 "네 아들 솔로몬이 반드시 나를 이어 왕이 되고 왕위에 오르리라"하신 여호와의 말씀대로 솔로몬에게 모든 일을 맡기고 그 생애를 마감하였다. 헤브론에서 7년, 예루살렘에서 33년, 모두 40년의 통치였다.

솔로몬의 통치

▶ 숙청 2:13~46

솔로몬이 왕이 되었다. 왕위를 단념한 아도니야는 솔로몬의 어머니 밧세바를 통해 솔로몬에게 접근하려 하나, 솔로몬은 단호히 아도니야 일파의 숙청을 시작하였다. 아도니야는 살해되었고, 제사장 아비아달은 제사장직을 박탈당한 후 그의 고향으로 쫓겨났다. 장군 요압도 쳐 죽이고, 사울 왕가에서 유일하게 살아남은 시므이도 얼마 후 솔로몬의 명령을 거역하여 죽임을 당했다. 아버지 다윗의 유언을 지킨 것이다.

▶ 지혜를 구함 3~4

아직 성전 공사가 끝나지 않아, 기브온에 있는 '높은 곳'에서 여호와께 일천 번제를 드린 솔로몬은 그날 밤 꿈에 여호와를 만난다. 여호와는 "내가 네게 무엇을 줄꼬"라고 말씀하신다. 솔로몬은 "주의 백성을 재판할 때, 듣는 마음, 선악을 분별하는 지혜를 주옵소서" 하였다. 하나님은 '지혜롭고 총명한 마음' 외에 '부귀와 영광'도 그에게 주실 것을 약속하셨다.

아이 하나를 서로 빼앗으려는 두 창기에게 솔로몬은 칼을 가져오게 하여 아이를 둘로 나누어 반반 씩 주라고 명한다. 결국 참 어머니를 가려낸 명 판결은 하나님께서 주신 지혜였다.

그 밖에 생애를 통해, 잠언 3천 가지를 말하였고, 천 다섯 편의 시를 읊었다. 초목, 짐승과 새, 물고기를 논한 지혜와 명성은 널리 외국에도 알려져, 천하 모든 왕들이 다투어 사람들을 보내왔다. 어려운 문제를 가지고 솔로몬을 시험하려고 찾아왔다가 솔로몬의 지혜와 영화에 놀라 혼비백산한 사람 중에 스바의 여왕이 있다.

▶ 솔로몬의 업적 5~9

솔로몬은 나라를 12 행정구로 나누어 각각 지방 관장을 두었다.

그는 왕이 된지 4년째 인 해에 여호와를 위해 성전 건축을 시작하였다. 인부, 석공 외에, 온 땅에서 강제로 노동자 3만을 징집하고, 국내의 이민족을 노예로 건설에 전념하였다.

솔로몬은 아버지 다윗이 계획하고 준비한 자재로 7년에 걸쳐 하나님의 성전을 건축하였다. 언약궤를 넣을 처소를 설치하고 그 제단 앞에서 그는 무릎을 꿇고 손을 펴서 하늘을 향해 기도와 간구를 올렸고, 회중을 위해 축복하였다.

왕궁과 '레바논 나무 궁'이라는 이궁도 조영하였다. 또 예루살렘 성벽과 다락들, 국고성, 병거성, 마병의 성 등을 13년에 걸쳐 건설하여, 도합 20년 동안의 그의 장대한 업적은 역사에 기리 남을 만한 것이었다.

두로의 왕 히람과의 친교는 이들 건축에 없어서는 안 되는 레바논의 백향목과 잣나무 재목, 기술자의 공급원이었다. 솔로몬의 다소 함대는 히람의 함대와 함께 항해하면서 금·은, 상아, 원숭이, 공작새를 실어왔다. 이런 교역을 힘입어 아라비아의 제왕이나 대관을 통해 엄청난 금이 솔로몬 앞으로 모여들었다.

▶ 왕국의 쇠락 11:1~43

솔로몬은 앞서 애굽 왕의 딸을 아내로 맞았는데, 그 밖의 많은 외국 여자를 사랑하여 후궁 7백 명, 첩이 3백 명 있었다. 이 여인들을 위해 그들이 따르는 신들의 산당을 지었고, 분향하며 제사하게 하였다. 솔로몬은 그곳에 참가하여 다른 신들을 따르면 안 된다는 여호와의 명을 거역하였다. 여호와의 분노가 솔로몬에게 임하여, "내가 반드시 이 나라를 네게서 빼앗아 네 신하에게 주리라"라고 선언하셨다. 왕국 분열의 예고였다.

▶ 분열 12:1~16

하나님이 솔로몬에게서 직접 나라를 빼앗지 않으시고, 자손을 위해 왕국 일부를 남기셨는데, 이는 여호와에 대한 다윗의 충성 때문이었다. 여호와는 애굽에 망명 중인 에돔 왕가와 연고가 있는 하닷과, 다메섹 왕 르손을 일으켜 솔로몬에게 대적하게 하셨다. 또 솔로몬이 강제노동의 감독관으로 임명했던 여로보암으로 하여금 반란을 일으키게 하셨다. 선지자 아히야는 여로보암에게 솔로몬이 죽은 후 10부족을 다스리며, 이스라엘 왕이 될 것이라는 여호와의 예고를 전하였다. 솔로몬이 여로보암을 죽이려 하였으나, 그는 애굽으로 피해 훗날에 대비하였다.

▶ 솔로몬의 죽음 11:42~43

솔로몬이 나이 들어가면서 그의 '정략적인 혼인'이 재앙을 불러왔다. 그는 40년 통치 후에 그 조상들과 함께 잠들었고, 아버지 다윗의 성읍에 장사되었다. 그 아들 르호보암이 대신 왕이 되었다.

이스라엘과 유다의 왕

▶ 르호보암 12:1~24

이스라엘 회중은 애굽에 피해 있던 여로보암을 불렀다. 여로보암과 이스라엘 온 회중이 르호보암에게, 백성들에게 부과된 엄한 고역과 무거운 멍에를 가볍게 해 달라고 청원했다. 그는 노인들과 어린 사람들을 모아 의논하더니, 결국 "내 아버지는 채찍으로 너희를 징계하였으나 나는 전갈 채찍으로 너희를 징계하리라"라고 말하였다. 그는 아버지와 달리 너무나 어리석었다.

유다 족속을 제외한 이스라엘 모든 족속은 르호보암을 떠나 여로보암을 왕으로 삼았고, 왕국은 이스라엘과 유다로 분열되었다.

▶ 여로보암 12:24~14:20

이스라엘 제 민족의 왕이 된 여로보암은 디르사를 도읍으로 나라를 다스렸다. 그는 사람들이 예루살렘 성전으로 제사 드리러 가는 것을 두려워하여, 두 개의 금송아지를 만들어 벧엘과 단에 두고 산당들을 지었다. 그리고 레위 사람 아닌 보통 백성을 제사장으로 임명하는 등, 자기 마음대로 축제일을 정하여 국가 종교의 기초로 삼았다. 솔로몬에 대항하여 정통 이스라엘의 신앙을 지키게 하기 위해 등용된 그는 이렇게 응답한 것이다. 두 왕국의 왕, 곧 이스라엘의 왕 19명, 유다 왕 중 12명은 하나님을 버리고 멸망을 향해 달리고 있었다.

▶ 오므리의 가족 16:21~23

선지자들은 여호와 신앙을 회복하려고 계속 새로운 인재를 세워 새로운 왕조를 일으키는데, 여로보암 이후 그 기대에 부응한 왕조나 왕은 없었으며 오히려 정략결혼이 이교도 제사의식의 만연을 초래하였다. 그 으뜸가는 자로, 사마리아를 수도로 오므리 왕조를 세운 오므리의 아들 아합의 아내 이세벨과 그 딸 아달랴가 있다. 이세벨은 시돈 왕 엣바알의 딸이며, 아합을 부추기어 이스라엘에 바알 종교를 철저히 굳히고, 여호와의 선지자들을 살해하였다.

엘리야와 엘리사

▶ 엘리야 17~왕하2:1~18

이때 유일하게 살아남은 여호와의 선지자 엘리야는 예언과 기적으로 이와 맞섰다. 그가 갈멜 산상에서 비 내리시기를 기원할 때, 바알의 선지자 450, 아세라의 선지자 400을 모아 그들의 신들과 대결하여 승리를 얻었고, 그들을 모두 죽였다. 그는 여호와가 참 하나님이심을 입증하였다.

엘리야는 시내산에서 새 제자 엘리사를 만난다. 스승과 함께 하겠다는 엘리사의 집요한 고집과 인내는 대단하였다. 엘리사는 이별의 선물로 스승의 능력의 갑절을 요청한다. 엘리야는 자신이 그럴 능력이 없음을 잘 알았다. 그러나 하나님은 이 요청을 기꺼이 받아 주신다.

엘리야는 그의 사명을 다하고, 회오리바람을 타고 하늘로 올라갔다. 엘리사가 엘리야의 몸에서 떨어진 겉옷을 가지고 물을 쳤더니 물이 갈라져 건너갔다. 제자들은 엘리야의 성령이 하시는 역사가 엘리사 위에 머물러 있다 하였다.

▶ 엘리사 왕상12~왕하17

엘리야의 성령이 하시는 역사를 이어받아, 장군 예후로 하여금 오므리가의 종언을 이끌어낸 선지자는 바로 엘리사였다. 예후에게 쫓긴 이세벨은 환관에게 배신당하여, 개들이 이세벨의 살을 먹을 것이라는 예언대로 그 시체는 이스르엘 들에 버려졌다. 왕이 된 예후는 엘리사를 따라 바알 종교를 일소했으므로 이스라엘 왕가는 자손 4대의 번영을 약속받았다.

증손 여로보암은 41년 동안 왕위에 있을 때 선조들이 잃은 영토를 회복하고 번영을 누렸으나 금송아지 예배를 끊을 수는 없었다.

여로보암의 사후, 국운은 급속히 기울었고, 하나님을 배신한 이스라엘은 앗수르에 멸망당하여 주민들은 앗수르로 붙잡혀갔다. 그

대신 여러 민족이 사마리아 여러 성읍으로 들어와 거주하게 되었다. 호세아 왕 9년이다.

▶ 여왕 아달랴 11

유다에서도 사정은 이와 비슷하였으나 이스라엘과는 달리 한 계통의 왕조를 유지할 수 있었다. 그것은 역대의 왕이 비교적 여호와에게 충실했기 때문이다. 그러나 그들은 율법에서 금하는 '높은 곳'에서 드리는 예배를 끊을 수는 없었다. 또 이세벨의 딸 아달랴와 요람 왕의 결혼은 유다에도 바알 종교를 도입하는 다리 역할을 하였다.

아달랴는 아들 아하시야가 통치하는 동안에도 유다의 이스라엘화를 진행하였고, 아하시야가 죽은 후에는 유다 왕가의 일족을 모조리 살해하고 스스로 왕이 되었다. 이때 한 살 된 왕자 요아스를 숨긴 아하시야의 누이 여호세바의 기지와, 제사장 여호야다의 저항이 6년 후의 쿠데타를 성공적으로 이끌어 간신히 여호와에 대한 충성과 다윗의 피를 이을 수 있었다.

▶ 엘리사의 죽음 13:14~21

엘리사는 아합 치세 때 등장하여 약 50년 동안 예언자 활동을 하였다. 이스라엘 왕 요아스가 그의 병석에 와서 눈물을 흘릴 때, 엘리사는 왕에게 동쪽을 향해 활을 쏘소서라고 말한다. 그리고 화살을 들어 땅을 치라고 했다. 대여섯 번은 쳤어야 하는데 세 번에 그친 왕을 향해, 하나님의 사람은 아람을 전멸하기까지 쳤어야 했다고 대노한다. 죽음의 자리에서도 정정하였다. 그가 죽은 이듬해 모압 도적 떼들이 그 땅에 왔는데, 장사하는 사람들이 그들을 보고 시체를 엘리사의 무덤에 던졌다. 시체가 엘리사의 뼈에 닿자 곧 회생하여 일어났다. 그는 죽어서도 그의 뼈가 생명을 주는 기적의 능력을 보여 주었다.

▶ 아하스 16

이스라엘 최후의 왕 호세아와 같은 시대에, 유다를 다스린 왕은 아하스였다. 아하스는 호세아의 아버지 베가 시대에, 베가와 아람 왕 르신의 동맹군에게 포위되어 앗수르 왕 디글랏 빌레셀에게 조공을 바치고 원군을 청하였다. 또 앗수르에 대한 충성을 입증하기 위해, 앗수르의 종교의식을 국내에 도입하였다. 또 그것을 위한 제단을 만들게 하여 솔선해서 여호와를 배반하였다. 불경건한 아하스 왕의 범죄에 대한 하나님의 심판이 역력히 기록되었다.

▶ 히스기야 18~20

앗수르 왕 살만에셀이 이스라엘을 멸하였을 때, 유다 왕위에 있던 사람은 히스기야였다. 그의 통치 6년째였다. 히스기야는 아버지 아하스와는 달리 여호와를 굳게 믿었는데, 유다의 모든 왕 중에 그를 따를 만한 자는 없었다. 여호와가 그를 인도하시어 그 영토를 확장시키셨다. 그는 여러 산당을 제거하고 우상을 파괴하고, 앗수르와도 연을 끊었다. 그 결과 통치 14년에는 앗수르 왕 산헤립의 공격을 받아 화해를 청하였는데, 받아들여지지 않고 예루살렘은 포위당했다.

이 위기에 히스기야는 성전에 들어가 '저들의 손에서 구원하옵소서' 하고 간절히 기도하였다. 이때 왕의 힘이 되어 준 것은 선지자 이사야였다. 이사야의 예언대로 여호와는 천사를 보내 앗수르 진영에서 하루 밤에 18만 5천명을 진멸시켜 예루살렘을 구하셨다.

▶ 므낫세와 아몬 21

히스기야 이후의 므낫세와 아몬 시대는, 다시 이방 사람들의 가증한 일을 끌어들여 아버지 히스기야가 헐어버린 산당들을 세우고, 바알을 위하여 아세라 목상을 만들며 하늘의 일월성신을 경배하였다. 점을 치며 신접한 자와 박수를 신임하여 여호와를 진노케 하였다. 죄 없는 자의 피를 심히 많이 흘려 예루살렘 이 끝에서 저 끝까지 가득하게 하였다.

아몬도 아버지 므낫세와 같은 사악한 길을 걸어, 재위 2년 만에 측근들에게 암살되었다.

▶ 요시야 22

아몬의 아들 요시야는 8세로 즉위하였다. 그의 통치 18년에, 성전 수복을 명한 왕 앞으로, 성전에서 발견된 〈율법책〉이 도착하였다. 요시야는 선조들이 이 책의 말씀을 듣지 아니하고 금령을 어겨 온 것을 알고 경악을 금치 못하면서, 그 죄 때문에 하나님이 재앙을 내리시려는 것을 알았다.

그는 이 〈율법책〉 규정을 따르고, 철저히 국내 종교개혁을 행하며, 처음으로 예루살렘에서 유월절을 집행한 것이다. 요시야처럼 마음을 다하고 뜻을 다하여 여호와께 순종하며 그의 계명과 법도와 율례를 지킨 왕은 그밖에 없었다.

그러나 므낫세가 야기한 하나님의 분노는 요시야의 업적으로도 풀리지는 않았다. 요시야는 앗수르로 공격해 올라가는 애굽 군을 므깃도에서 맞아 싸우다가 죽는다.

▶ 여호아하스 23

백성들은 여호아하스를 데려다가 아버지 히스기야의 뒤를 잇게 하여 왕으로 삼았다. 애굽 왕 바로느고는 요시야의 뒤를 이은 여호아하스를 애굽으로 잡아갔다.

▶ 여호야김 23~24

바로느고는 그 동생 엘리아김을 여호야김이라 개명하여 요시야 대신 왕으로 삼아 무거운 세금을 부과했다. 동쪽에서는 때마침 앗수르를 대신하여 바벨론이 일어나, 그 땅을 지배하에 두었다. 여호야김도 어쩔 수 없이 이에 예속되었는데 3년 후에는 애굽을 믿고 반기를 들었다.

▶ 여호야긴 24:8~17

여호야김의 아들 여호야긴의 치세 3월에 바벨론의 왕 느부갓네살이 예루살렘을 공격하여 여호야긴이 항복하였다. 느부갓네살은 성전, 왕궁의 모든 보물을 약탈하고, 왕을 비롯한 왕족, 지도자와 용

사, 장인과 대장장이, 백성들을 바벨론으로 사로잡아갔다. 느부갓
네살 치세 8년의 일이었다.

▶ 시드기야 24:18~25:25

바벨론 왕은 여호야긴의 숙부 맛다니야를 시드기야로 이름을 바
꾸게 하여 유다 왕으로 임명했는데, 그의 나이 21세였다. 9년 후, 시
드기야도 바벨론을 배반하였다. 바벨론의 왕 느부갓네살은 2년 동
안 예루살렘을 포위하여 다시 함락시켰다. 그는 사로잡은 시드기야
의 두 눈을 빼고, 족쇄를 채워 바벨론으로 끌고 갔다. 예루살렘의
모든 집을 불사르고, 성벽을 파괴하며, 성전과 그 안의 모든 것을
약탈하면서 백성도 사로잡아 비천한 자만 남겨놓았다.

▶ 그다랴 25:22~26

유다 땅에 머물러 있는 백성들을 관할할 총독으로는 그다랴가
임명되었다. 그런데 그다랴가 임명되자, 그는 숨어 있던 귀족 이스
마엘의 손에 살해되고, 후환을 두려워한 유다의 지도자들은 애굽
으로 망명하였다.

옛 이스라엘처럼 유다 백성도 그 살 터전을 옮기지 않으면 안 되
었다. 이것은 전적으로 주님의 명으로 유다에 임한 것이며, 유다를
주의 눈앞에서 불식하기 위한 것이었다. 므낫세가 행한 죄 때문에
죄 없는 사람의 피를 예루살렘에 채우게 하였으므로, 주는 그 죄를
용서하려 하지 않은 것이다.

바벨론으로 사로잡혀간 유다 왕 여호야긴은 37년 만에 옥에서
풀려나와 바벨론 왕의 따뜻한 보호 하에 여생을 보냈다.

젊은이를 위해
요약한 구약성경 이야기

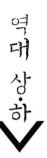

역대 상·하

내가 영원히 그를 내 집과 내 나라에 세우리니
그의 왕위가 영원히 견고하리라

역대 상하는 B.C.5세기경 에스라가 쓴 것으로 알려졌다. 열왕기는 포로가 된
유대인들의 역사를 기록한 것이나, 역대기는 포로에서 돌아온 자들에게 주는 말
씀이다. 이스라엘 역사 이야기이다.

열왕기 상·하와 같은 왕국 시대를 역대기(歷代記) 상·하에서도 또한 번 다루면서 다윗 왕국의 정통성을 입증하며, 예루살렘 성전이 '하나님 나라'의 유일한 구현임을 증명하려 한다. 여기 나오는 족보들을 통해 하나님이 그의 나라를 위해 행하신 모든 일들을 축약하여 보여 주신다. 특히 다윗과 레위인의 계보에 관심을 가지고 쓰였다.

역대 족보들

▶ 아담에서 사울까지의 계보 대상1~9

아담으로부터 시작된 계보는 노아, 아브라함과 이삭, 이스라엘(야곱)과 그 열 두 아들에 이른다. 온 이스라엘이 그 계보대로 계수되어 왕조실록에 기록되었다.

▶ 다윗의 역사 10~29

불레셋 사람들과 이스라엘이 싸우다가 사울은 길보아산에서 죽는다. 왕국 존립의 위기를 맞아 다윗은 예루살렘에 성읍을 정하고 '온 이스라엘'의 왕이 된다. 그는 하나님의 언약궤를 예루살렘으로 옮겨와 레위인 제사장이 지키게 하였다. 17장 이하의 역사적인 기술은 이른바 성전 건축을 위한 계획과 준비이며, 다음 왕 솔로몬에 대한 이야기로 집중되었다.

다윗에서 솔로몬으로의 왕위계승 이야기는 그 옛날 모세가 약속한 땅으로 들어가지 못한 것처럼 다윗은 성전을 짓지는 못한다.

▶ 솔로몬 이야기 22~대하1~9

하나님께로부터 받은 지혜와 부유함으로, 솔로몬은 성전 건축을 완성한다. 그는 과거의 예배 의식 전통을 존중하였다. 다윗은 손에 너무 많은 피를 묻혔기 때문에 성전을 건축할 수 없으므로 이를 위해 구체적인 계획을 수립하였다. 그러므로 '다윗이 계획 준비하고 솔로몬이 완성했다'는 세기의 대 사업에 그의 위대한 협력을 강조한다. 솔로몬이 여호와의 성전과 자기 궁궐을 20년에 걸쳐 완성하고, 잔과 대접까지 순금으로 만들어 이스라엘의 태평성대를 이룬다.

▶ 남쪽 왕국 유다의 역사와 바벨론 포로기까지 10~36

솔로몬 이후에 출현한 왕들을 다루는 부분은 거의 유다 왕들에만 초점을 맞춘다. 그리고 다윗의 가계를 일목요연하게 나열하여, 계승이 끊어지지 않으리라 하신 하나님의 언약을 보여준다.

여기서 앞으로 흘러갈 '하나님의 나라'의 방향을 재조정하고 있다. 유다 왕국에 오실 왕 '예수'를 바라보고 있는 것이다.

르호보암(솔로몬의 아들)은 41세 때 유다 왕이 되었다. 전에 솔로몬 왕을 피하여 애굽으로 피신했던 여로보암이 돌아와 백성들과 함께, 르호보암에게 전왕이 우리에게 강요한 고역과 무거운 멍에를 가볍게 해 달라고 청원했다. 그러나 왕은 오히려 더 무거운 멍에를 메게 하므로, 북쪽 지파들이 반란을 일으키고 온 이스라엘이 각각 그들의 장막으로 돌아갔다. 르호보암 왕은 예루살렘에서 17년 동안 다스리고 악을 행하였다. 그가 죽은 후 그의 아들 아비야가 왕이 되었다.

아비야는 3년 동안 유다 왕이 되어 예루살렘에서 다스렸다. 여로
보암과 크게 싸웠는데, 하나님이 여로보암과 온 이스라엘을 유다
앞에서 치시니 그가 점점 강성하였다.

아사(아비야의 아들)가 왕이 되니 그의 땅이 10년 동안 평안하였
다. 그 동안 왕은 옳은 일을 행하였기 때문에 구스 사람들이 침공
했을 때는 물리칠 수 있었다. 그러나 그의 치세 36년에 이스라엘
왕 바아사가 유다를 치러 올라올 때, 그는 아람 왕 벤하닷을 의지
하여 여호와의 곳간과 왕궁 곳간의 금은을 내다가 그에게 보냈다.
이때 선견자 하나니가, 전심으로 자기를 향하는 자들을 위해 능력
을 베푸시는 하나님을 의지하지 않고 망령되이 행하였다고 말해,
그를 옥에 가두었다.

여호사밧(아사의 아들)은 왕이 되어 그가 그의 조상 다윗의 처음
길을 따랐으므로, 여호와께서 나라를 그의 손에서 견고하게 하셨
고, 유다 무리가 그에게 예물을 드려 부귀와 영화를 누렸다. 그는
아합과 아둔한 동맹을 맺어 비판을 받지만, 여호와를 두려워하고
신실하며, 공정한 재판으로 칭송을 받는다. 그는 35세에 왕위에 올
라 25년 동안 다스렸다.

여호람(여호사밧의 아들)은 그의 아버지의 왕국을 다스려 세력을

얻은 후, 그의 모든 아우들을 죽였다. 그는 '이스라엘 왕들의 길로 행하였다'는 모욕적인 비난을 받는다. 그는 아합 가문의 딸과 결혼하여 그의 장인이 걸어간 음행의 길로 걸어갔다. 여호와께서 진노하여 그의 백성과 자녀와 아내들과 모든 재물을 재앙으로 치시고, 창자가 빠져나오는 병으로 죽였다.

아하시야(여호람의 막내아들)는 예루살렘 주민이 여호람의 왕위를 계승하게 하여 왕위에 올렸다. 그 역시 아합의 길을 따랐고, 악을 행하였다. 재위 1년 만에 예후는 사마리아에 숨어 있던 그를 찾아내 처형하였다.

아달랴(아하시야의 어머니)는 자신의 이름으로 통치한 유다의 유일한 여왕이다. 그는 유다 집의 왕국의 씨를 모두 진멸하였는데, 앞서 그의 남편 여호람이 그의 아우들을 모조리 제거했을 때, 그의 딸이 6년 동안 숨겨놓은 요아스는 제거하지 못하였다. 재위 7년에 제사장 여호야다가 일어나 아달랴를 죽이고 요아스를 왕위에 세웠다.

요아스(아하시야의 아들)는 7세에 제9대 유다 왕으로 등극하였다. 그는 여호야다가 살아있는 동안에는 여호와의 전을 보수하였고, 성전에서 제사를 드렸으며, 바알 종교 세력을 척결하는 대대적인 종교개혁을 단행한다. 그러나 여호야다가 죽은 후에는 이방 신들에게 유혹되고 만다. 여호와를 배신하면 바로 왕국에 심각한 위기를 맞게 된다. 여호야다의 아들 스가랴를 성전 뜰 안에서 돌로 쳐 죽인 일은 결국 아람 군대의 침공과 그의 죽음을 가져왔다.

아마샤(요아스의 아들)는 예루살렘에서 29년 동안 왕위에 있었는데, 처음에는 선정을 베풀다가, 곧 악정을 행하게 된다. 그는 오만한 마음을 갖게 되고 선지자의 경고를 듣지 않았다. 그리고 어리석게도 이스라엘 왕을 공격한다. 예루살렘은 함락되고 왕은 잡힌다. 아마샤가 여호와를 버린 후 예루살렘에서 무리가 그를 반역하였고, 도망가는 그를 따라 보내어 라기스에서 죽이게 하였다.

웃시야(아마샤의 아들)는 16세에 왕위에 올라 50년 간 다스렸는데, 그도 선왕과 다름없이 선정 후에 악정을 베풀었다. 그가 하나님을 찾는 동안에는 그의 지혜와 신실함이 성공을 가져왔으나, 그의 마음이 교만해지자, 제사장이 해야 할 분향을 자신이 하려다가 이마에 나병이 생겨 여호와의 전에서 끊어져 별궁에서 살았다.

요담(웃시아의 아들)이 왕위에 오를 때의 나이는 25세였다. 예루살렘에서 16년 동안 다스렸다. 그는 하나님 여호와 앞에서 바른 길을 걸었으므로 점점 강해졌다.

아하스(요담의 아들)는 유다 12대 왕으로 악정을 베풀었고, 나아가 더 심한 악정으로 끝냈다. 바알의 우상을 부어 만들고, 산당과 모든 푸른 나무 아래에서 제사를 드렸다. 하나님께서 그를 아람 왕의 손에 넘기셨다. 그는 앗수르 왕에게 도움을 청했는데, 오히려 공격을 당한다. 이때부터 앗수르에게 시달리는 시기가 계속된다. 아하스는 곤고할 때 더욱 여호와께 범죄하여, 하나님의 성전 문을 닫고 성전의 기구들을 부수고, 각 성읍에 산당을 세워 다른 신에게 분향하였다. 그는 죽은 후 이스라엘 왕들의 묘실에 들여지지 않았다.

히스기야(아하스의 아들)는 역대기에서, 솔로몬 이후 어느 왕보다 가장 많은 지면을 차지한다. 그는 그의 조상 다윗처럼 정직했으며, 25세에 왕위에 오르자 첫째 해 첫째 달에 여호와의 성전 문을 열고 수리하였다. 그리고 제사장과 레위 사람을 모아 감사제물과 번제물을 드렸다. 또 유월절을 지키게 하며, 아세라 목상을 찍고, 산당을 제거하고, 예배 의식을 정비하여 종교 개혁을 단행했다. 그가 모든 충성된 일을 끝냈을 때, 견고한 이 성읍을 향해 앗수르 왕 산헤립이 공격해 왔다.

히스기야는 선지자 이사야와 더불어 하늘을 향하여 부르짖어 기도하였고, 여호와는 적국의 손에서 구원하셨다. 히스기야 왕은 성전에서의 축제, 그의 부유함, 그의 영토로 존귀함을 얻었다. 한때 그의 마음이 교만했으나, 역대지에서의 그의 기록은 다윗과 솔로몬처럼 좋은 면들이 부각되었다. 재위 기간은 29년이다.

므낫세(히스기야의 아들)는 12세에 왕위에 올라 50년 동안, 유다 왕 중 가장 오래 재위하였다. 그는 아버지 히스기야가 헐어버린 산당을 세우고 바알들을 위한 제단을 쌓고 일월성신을 경배하여 여호와 보시기에 악을 행하였다. 그의 아들들을 불 가운데로 지나가게 하고, 점을 치고 요술을 행하며 박수를 신임하는 등, 모든 악행을 자행하여 하나님을 진노하게 하였다. 그러나 열왕기에서는 므낫세를 구제불능인 자로, 바벨론 억류의 주원인으로 그린 것과는 달리 그가 회개한 일을 기록하였다.

요시야(아몬의 아들)는 므낫세의 아들, 곧 그의 아버지 아몬 왕이 여호와 앞에 겸손하지 않고 범죄하여 신하의 손에 살해되자 백성들이 세운 왕이다. 8세에 왕이 되었으나, 재위 8년에 조상 다윗의 하나님을 찾았고, 12년에 산당들과 우상을 제거하며 종교개혁을 단행하였다. 또 발견된 〈율법책〉에 감명을 받은 그는 백성들과 〈율법책〉의 규례대로 순종할 것을 맹세하고 유월절을 지켰다. 그는 성왕이었으나 그의 교만 때문에 므깃도 전투에서 전사하였다. 예레미야 선지자는 그를 높이 평가하여 그를 위하여 애가를 지었다.

여호아하스·여호야김·여호야긴·시드기야는 유다의 마지막 네 왕이다. 이 네 왕의 재위 기간은 아주 짧다. 그들의 계속되는 불충으로, 여호아하스는 애굽으로 잡혀갔다. 여호야김은 쇠사슬로 결박되어 바벨론으로 잡혀갔다. 여호야긴도 바벨론으로 잡혀가 폐위되고, 그의 숙부는 느브갓네살 왕의 마음대로 이름이 시드기야로 바뀌어 유다와 예루살렘 왕이 되었다. 정복자의 손아귀에서, 황폐할 대로 황폐한 땅이 안식을 누리듯이 그들은 70년을 지냈다.
마침내 바사 왕 고레스의 마음을 감동시키시어, 예레미야를 통해 유다 예루살렘에 성전을 건축하라는 하나님의 명령이 내린다.

젊은이를 위해
요약한 구약성경 이야기

에
스
라

"유다 예루살렘의 성전을 건축하라"
주는 지극히 선하시므로 그의 인도하심이 이스라엘에게
영원하시도다

저작 연대는 B.C.440년으로, 에스라가 그 저자이며 역대기도 그가 기록한 것
으로 본다. 이스라엘 사람들이 바벨론으로 사로잡혀간 이후의 역사를 구약성경
에서 전하는 문서는 에스라와 느헤미야이다. 본래 이 두 책은 합본이었으며 중세
이후에 나뉘었다고 한다.

에스라는 1차 포로 귀환자들이 돌아온 지 약 80년이 지나서야 예루살렘으로 돌아왔다. 그는 자신이 포로로 잡혀온 사람의 후손 이라는 사실을 자각하고, 그들을 부흥시켜야 한다고 다짐한다.

▶ 포로들의 귀환 1~2

바사(고대 페르시아)의 창건자 고레스 왕은 바벨론을 무너뜨리고, "세상 모든 나라를 내게 주신 하나님께서 내게 유다 예루살렘에 성전을 건축하라고 명하셨다"고 말하였다. 여호와 하나님께서 그를 감동시키시어 포로로 잡혀간 사람들의 조국 귀환과, 성전 재건축 허가의 칙령을 공포하게 하셨다. 이 영에 따라 48년 동안의 포로 생활에서 해방된 사람들이 조국으로 돌아오기 시작하였다.

▶ 성전 재건 3~6

이스라엘 자손이 각지의 성읍에 돌아와 살았는데, 일곱째 달이 되자 그들은 일제히 예루살렘에 모였다. 그리고 제사장 예수아와 지도자 스룹바벨은 도시와 성전 재건이라는 큰 역사를 시작하였다. 그들이 맨 먼저 한 일은 제단을 재건하여 희생 제사를 재개할 수 있게 한 것이다. 그래서 성전의 기초를 놓을 때는, 제사장은 예복을 입었고, 레위 사람들은 나팔과 제금을 들고 여호와께 감사드렸으며, 서로 찬양으로 화답하니 모든 백성이 기쁨으로 크게 함성을 지르며 재건의 초석을 놓았다.

그러나 성전 재건이 순조롭지만은 않았다. 이를 방해하는 사람들이 속속 일어나 반대하는 모습을 보인다. 처음으로 반대가 불거진 것은 고레스 통치기였다. 반대자들이 재건축에 '도움'을 제안한 것이다. 그들은 제안이 거절되자 일꾼들을 낙심하게 하고 거짓 정보를 유포하여, 일의 진행을 적극적으로 지연시키면서 방해하였다. 이 때문에 다리오 제2년까지 공사가 중단된다.

이 때 선지자 학개와 스가랴는 예루살렘에 거주하는 유다 사람들에게 예언하며, 멈췄던 공사를 다시 시작하기를 권한다. 그러나 또다시 반대자가 나타나 공사를 막으려 했는데 능히 막지 못하고, 다리오에게 상고한다. 다리오는 문서창고의 보물전각에서 고레스 왕이 내린 두루마리를 발견한다. 그 조서는 유대인들에게 성전과 성읍에 관한 공사를 허락한다는 내용이었다.

다리오는 이를 확인하고, 성전 재건을 용인하는 조서를 내렸을 뿐 아니라, 많은 비용도 대어 신속히 진행하게 하였다. 성전은 B.C.516년 3월 12일에 완공되었다. 그것은 파괴된 지 거의 70년 만의 일이었다. 다시 성전에서 유월절을 기념한다.

▶ **에스라의 귀환 7~10**
에스라는 7장에서 처음 등장한다. 앞서 성전공사가 중단된 지 60년쯤 되었을 때 에스라는 바사 왕 아닥사스다 1세에게 예루살렘으로 돌아가겠다는 청을 올렸다. 아직 바벨론에 유대인들이 남아 살고 있었다. 아닥사스다 왕은 이를 허락하고, 가서 율법을 가르치라고 위임하였다. 에스라 제사장은 모세 율법에 능통한 서기관이기도 했으며, 불레셋 왕 밑에서 고위 관직을 맡고 있었다.

그는 이스라엘 자손과 제사장들과 레위 사람들, 노래하는 자들과 문지기들과 느디님 사람들을 데리고 예루살렘으로 올라가기로 하였다. 아닥사스다 왕은 '하늘 하나님의 율법학자' 겸 제사장인 에스라에게 그가 원하는 대로 금과 은과 많은 혜택을 주어 예루살렘으로 떠나게 하였다. 이것은 또한 불레셋 제국 자체의 앞으로의 안정을 위해 매우 중요한 임무이기도 하였다.

에스라는 자기와 함께 귀향할 유대인 천오백 명을 아하와 강가에 모았다. 그는 레위인과 느디님 사람들을 더 불러 모아 금식을 선포하고 여호와께 도움을 간구한 후 출발하였다.

그가 예루살렘에 당도하여 목격한 것은, 앞서 귀환한 자들이 주변 족속들과 결혼하고, '주변 백성들처럼 사는' 모습이었다. 하나님의 도성이 거룩하기는커녕 우상숭배와 거짓된 신앙이 만연하고 있었다. 에스라가 하나님의 성전 앞에 엎드려 오래도록 간곡히 울며 회개의 기도를 올리니, 여호와를 멀리하던 많은 백성들이 그와 함께 통곡하며, 그의 권면대로 따르겠다고 서약하였다.

에스라는 이방 여인들과의 잡혼에 관한 법령을 제정하고, 제사장들을 배교에 빠지게 한 이방 여인들과 그녀들이 낳은 자녀들을 모

젊은이를 위해
요약한 구약성경 이야기

두 돌려보냈다. 불과 1년 동안의 그의 활동이었지만, 이것은 종교사 상 참으로 획기적인 중요한 일이었다. 그것은 모세의 율법을 이스라엘이 지켜야 할 기본법으로서 재확인하고 승인하게 한 일이었다. 또 율법 준수를 중심으로 한 민족적 종교 공동체로서의 재생이 이 일을 통해 가능하게 된 것이다.

새 공동체 그룹이 형성되면서 '유대교'라는 이름으로 역사 속에 남게 된다. 그 가장 큰 중심 인물은 에스라이다.

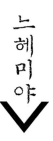

느
헤
미
야

하늘의 하나님 여호와 크고 두려우신 하나님
주를 사랑하고 주의 계명을 지키는 자에게
언약을 지키며 긍휼을 베푸시는 주여

불레셋 왕 아닥사스다 1세의 술 맡은 관원 느헤미야의 회고록이다. 저작 연대
는 B.C.420년경으로 추정된다. 초기 사본에서는 에스라와 한 권으로 이루어졌는
데 느헤미야는 에스라의 끝, 12년 후에 시작된다.

에스라 이후 12년이 지나도록 여전히 바벨론에서 살고 있던 느헤미야는, 예루살렘 성읍이 황폐하고 성문이 무너지게 되었다는 소식을 듣고, 금식하며 기도한다. 마침내 그는 기도의 응답을 받아, B.C.445년 예루살렘 성벽 수복 공사 책임자, 유다 총독으로 파견된다.

▶ 느헤미야의 귀환 1~2

예루살렘에 돌아온 느헤미야는 밤중에 은밀히 황폐할 대로 황폐한 성벽과 성문을 돌아보았다. 그가 지역 지도자들을 모아 하나님의 선한 손이 도와주심과, 왕의 여러 가지 선처를 전하니, 그들은 예루살렘 성과 성문을 다시 건축하자, 힘을 내어 이 선한 일을 하자고 일어났다. 그것이 느헤미아의 사명이었다.

▶ 공사 및 반대 2~7

그러나 이 일은 조심스럽게 진행해야 했다. 그것은 호론(사마리아) 사람 신발랏과 암몬 사람 도비야와 아라비아 사람 게셈이 반대하였기 때문이다. 그들은 지방 총독들이었다. 그들이 반대한 것은 종교적인 이유가 아니라 정치적인 이유에서였다. 그때까지 사마리아에 속해 있던 유다가 강해져 그들의 권력과 영향력을 제한하게 될지도 모르기 때문이었다. 느헤미야는 하나님이 우리를 형통하게 하시리니 우리가 일어나 건축하리라 하고, 강력하게 추진하였다.

신발랏과 도비야의 희롱에도 불구하고 느헤미야는 40명의 핵심 인물을 지명하고, 45지역을 할당하여 예루살렘 중수에 돌입한다.

대제사장 엘리아십을 위시하여, 금장색, 향 제조사, 유다의 모든 백성이 이 일에 마음을 모아 참여하였다. 허물어졌던 성벽을 차근차근 쌓아 올리고, 곳곳의 성문을 재건하였다. 성문은 적군이 쳐들어올 요충들이므로 중요한 공사였다. 분문, 샘문, 수문, 옛문, 어문, 양문, 감옥문 등 방어를 견고히 하였다. 방해 공작이 거세지면서 느헤미야는 굳센 믿음으로 보수공사를 진행하였다. '기도하면서 파수 서는 일', '한 손으로 일하며 한 손에는 병기를 잡는' 등, 동 틀 때부터 별이 나기까지 창을 잡았으며 낮에는 일하게 하였다.

또 양식이 없어 부르짖는 가난한 백성들을 위한 조치를 취한다. 그 자신 총독의 녹을 받지 않았고, 직위를 남용하여 부당한 이익을 취하지 않았으며, 가난한 사람에게 베풀어 백성들도 그의 모범을 따랐다.

성문에 아직 문짝을 달지 못 하였을 때, 신발랏과 도비야가 느헤미야를 만나자고 제의한다. 느헤미야는 큰 역사를 중지하고 갈 수 없다고 거절한다. 네 번 거절당한 그들은 바벨론 왕에게 투서하겠다는 편지를 느헤미야에게 보낸다. 심지어 느헤미야의 일꾼들에게 뇌물을 주며 그를 죽이려 한다. 율법에 대해 무지한 스마야를 이용하여 하나님께 범죄하게 하려던 그들의 음모를 깨달은 느헤미야는 다시 기도하면서 공사를 마친다.

성벽 역사는 52일 만에 끝났다. 끊임없는 방해와 음모에도 불구하고 비교적 짧은 기간에 성벽 수리를 가능하게 한 것은 경제적으로 저소득층에 있는 사람들을 이 공사에 참여하게 한 느헤미야의 시책에 힘입은 바 크다. 느헤미야는 또 유다 각 지방으로부터 주민을 이주시켜 예루살렘 도시 만들기를 수행하였다. 온 이스라엘 자손은 다 자기들의 성읍에 거주하게 되었다.

▶ 율법 낭독 8~13

일곱째 달에 온 백성이 수문 앞 광장에 모여 학자 에스라에게, 여호와께서 이스라엘에게 명하신 모세의 율법책을 가져와 낭독해 달라고 청했다. 그들은 대여섯 시간을 꼼짝도 하지 않고 서 있었다. 또 그 율법을 듣기만 한 것이 아니라, 먼저 예배로, 기도와 회개로, 마지막에는 행동으로 반응한 것이다. 그들의 헌신은 10장에 자세히 기록되어 있다. 자신들이 하려는 일을 충분히 알고 율법을 따르기로 작정하였고, 십일조와 성전예배, 희년을 지키기로 하였다.

느헤미야는 종교적인 측면에서는 성전 행사의 쇄신을 단행하였고, 모세의 십계명에 규정되어 있는 안식일 준수와 외국인 여성과의 결혼 금지를 포고하였다.

이렇게 1차로 귀환한 스룹바벨과 유대인들은 '예루살렘 성전 중수'를, 2차로 귀환한 에스라와 유대인들은 '율법 준수'를, 3차로 귀환한 느헤미야와 유대인들은 '예루살렘 성벽 개축'을 이룩하였다.

에
스
더

네가 왕후의 자리를 얻은 것은 이 때를 위함이 아닌지
누가 알겠느냐

B.C.460년경의 저작으로 작자는 미상이다. 페르시아 왕비가 된 히브리 여인 에스더의 이야기이다. 이 책에는 단 한 번도 하나님의 이름이 나오지 않는다. 그러나 궁중 안에서 펼쳐지는 우매한 인간의 계책과 음모, 그리고 그 저변에 하나님의 역사를 실감하게 한다. 문학적으로도 높이 평가되며, 역전극 설정으로 재미도 있다.

▶ 왕비가 된 에스더 1~2

페르시아 아하수에로(크세르크세스 1세 B.C.485~465) 왕 때의 이야기이다. 많은 유대인들이 바벨론 포로 생활을 끝내고 고국으로 귀환하는데, 페르시아제국 내 도처에 유대인들이 남아 있었다. 이 시기에, 도성 수산에 에스더가 살고 있었다.

왕은 인도에서 구스에 이르는 127 지방을 다스리는 막강한 실력자였다. 그는 각 지방의 장관과 귀족들을 청하여 그의 부와 위엄을 과시하는 큰 잔치를 베풀었다. 이때 왕은 왕후 와스디를 불렀다. 그러나 와스디는 왕의 명령을 따르지 않았다. 폐위시킨 와스디 대신 유다인 처녀 에스더를 왕비로 맞이한다.

에스더의 양부이자 사촌인 모르드개는 왕을 암살하려는 음모를 엿듣고 에스더를 통해 이 사실을 알렸으며, 이 일은 궁중일기에 기록된다.

▶ 하만의 음모 3

아하수에로 왕의 제2의 권력자였던 하만은 명예욕에 빠져 모든 사람이 자기에게 절하기를 강요한다. 그리고 모르드개가 그에게 경의를 표하지 않는 데 화가 난다. 그는 모르드개뿐 아니라 온 유다인들을 진멸시킬 계획을 세운다. 다른 나라에서 하나님을 믿는 자들로 산다는 것은 쉬운 일이 아니었다.

그래서 모르드개는 에스더에게 유다인이라는 신분을 밝히지 말라고 당부했었다. 하만은 왕에게 '어떤 민족'이 그들의 특별한 율법 때문에 왕에게 전적으로 충성하지 않고 반감을 가지고 있다고 말했다. 그리고 그들을 진멸할 수 있는 칙령을 왕에게서 얻어냈다. 하만은 신속하게 제비를 뽑아 유다인 몰살의 날짜를 잡았다.

▶ 모르드개의 통곡 4

모르드개는 이 모든 일을 알고, 베옷을 입고 성중에 나가 대성통곡하였다. 에스더가 내시 하닥을 보내어 자초지종을 물으니, 모르드개는 에스더에게 왕 앞에 나아가 민족을 위하여 간절히 구하라고 하였다. 그리고 네가 왕후의 자리를 얻은 것이 이때를 위함이 아닌가 하며 재차 간곡히 말하였다. 에스더는 '죽으면 죽으리이다'하고, 삼일을 금식하며 기도하라고 명하였다.

▶ 에스더의 잔치 5

사흘째 되는 날, 에스더는 예복을 갖추고 왕궁 안 뜰에 서 있다가, 왕의 영접을 받는다. 에스더는 왕과 하만을 위해 잔치를 베푼 후, 내일을 약속한다. 하만은 좋아서 우쭐대며 대궐 문을 나서는데 모르드개가 일어나지도 않는 것을 보고 화가 치민다. 그는 모르드개를 달아맬 높은 나무를 세웠다.

▶ 존귀함을 받은 모르드개 6

그날 밤 왕은 역대일기를 가져다가 내시에게 읽게 하였는데, 왕을 암살하려는 음모를 모르드개가 고발하였다는 대목을 들었다. 그리고 거기 상응하는 관작을 베풀지 않았다는 것을 알았다. 왕은 하만에게 존귀하게 여김을 받을 만한 사람에게 어떤 대접을 하면 좋은가 물었다. 그는 당연히 자기를 두고 하는 말인 줄 알고 대답한다. 그가 대답한 대로 모르드개는 왕복을 입고 말을 타고 성중 거리로 다니게 된다.

▶ 하만의 몰락 7~9

이튿날 잔치에서 에스더는 유다인에 대한 하만의 음모를 밝혔고, 하만은 모르드개를 달려고 했던 나무에 달렸다.

그러나 이미 유다인을 진멸하라는 조서가 각 도에 전달되었기 때문에, 에스더는 왕에게 황급히 이를 취하고 새로운 조서를 내려주기를 간청한다. 왕은 에스더에게 그 권한을 준다. 하만의 명령은 무효화되고, 유다인들이 자신들을 위협하는 자들에게 보복할 수 있는 권한이 부여된다. 그들은 그들의 대적을 진멸하였다.

▶ 부림절 9~10

유다인들의 이러한 기적적인 구원을 기념하기 위하여 모르드개는 부림절을 제정하였다. 이 명칭은 하만이 유다인 학살에 길한 날을 결정하기 위해 뽑은 부르, 곧 제비에서 온 말이다.

비탄의 나락에 떨어진 유다인을 구할 수 있는 것은 '오로지 왕후 에스더 너 외에는 없다'고 한 모르드개의 격려에 힘입어, 에스더는 신속하게 계획, 실행 저지를 감행하여 페르시아 여러 주에 사는 유다인에게 평안한 날을 가져오게 한 것이다. 모르드개는 아하수에로 왕 다음으로 높임을 받았고, 유다인 중에 크나큰 존경의 대상이 되었으며, 허다한 형제에게 사랑을 받으면서, 그의 백성의 이익을 도모하여 모든 종족을 안위하였다.

젊은이를 위해
요약한 구약성경 이야기

욥기

내가 알기에는 나의 대속자가 살아계시니 마침내 그가
땅 위에 서실 것이라 내 가죽이 벗김을 당한 뒤에도
내가 육체 밖에서 하나님을 보리라

구약성경 시가서의 첫 번째 책이다. 욥기의 성립 연대는 언어 표현으로 미루어
B.C.5에서 3세기 중반으로 추정된다. 작자는 미상이나 족장시대에 실존했던 인
물로, 웅대한 시적 구상력과 풍부한 교양을 갖춘 이로 추측된다.

욥기(욥記)는 서론, 대화편, 결론으로 구성되었으며, '고난 중에도 여전히 하나님은 옳으시다'와 '인생의 괴로움을 극복하는 인간이란?' 이 그 주제이다. 모든 일에서 너무나 온전했기 때문에 욥은 괴로운 인생에 대한 스스로의 경험적인 성찰을 통해 귀로 듣기만 하였던 주를 눈으로 뵙게 된다.

욥의 몰락

▶ 첫 번째 시험 1

우스 땅에 사는 욥의 행복한 생활과 돈독한 신앙이 소개된다. 나무랄 데 없는 온전한 욥에게 갑자기 재난이 덮친다. 그것은 사탄에게 허락하신 하나님의 시련이었다. 첫 번째 시험에서 욥은 자녀와 재산을 모두 잃었다. 그는 겉옷을 찢고 머리털을 밀고 땅에 엎드려 예배하며 "내가 모태에서 알몸으로 나왔사온즉 또한 알몸이 그리로 돌아가올지라 주신 이도 여호와시요 거두신 이도 여호와시오니 여호와의 이름이 찬송을 받으실지니이다"라고 말한다. 이 고백은 욥이 시험을 훌륭하게 극복했음을 보여준다.

▶ 두 번째 시험 2

두 번째 시험으로 욥은 온 몸에 종기가 난다. 그는 재 가운데 앉아서 질그릇 조각으로 몸을 긁으며, 괴로워한다. '하나님을 욕하고 죽으라'는 아내의 말을 듣는다. 그런 고통 속에서 욥은 "우리가 하나님께 복을 받았은즉 화도 받지 아니하겠느냐"며 철저히 하나님에 대한 신뢰를 고백한다. 그리고 그의 세 친구가 위로하러 온다. 알아보기 어렵게 변한 욥의 모습을 보고 그들은 함께 땅에 앉아 7일 동안 한 마디도 하지 못한다. 이것이 산문으로 쓰인 서론이다.

▶ 욥의 호소 3

욥은 자기 생일을 저주한다. 애끓는 탄식과 독백이 이어진다. 가슴이 무너지는 애타는 호소를 한다. 차라리 낳자마자 죽었더라면 얼마나 좋았을까 하고 한탄한다. 그러나 하나님을 원망하지는 않는다.

친구들과의 논쟁

▶ 첫 번째 논쟁 4~14

4장에서 28장까지는 욥의 세 친구 엘리바스와 빌닷, 소발이 무참하게 되어 괴로워하는 욥을 찾아와 주고받는 대화이다. 그들이 욥과 번갈아가며 벌이는 논쟁이다. 그들은 의인 욥에게 무언가 감추어진 죄가 있을 것이라고 판단하고, 욥에게 진심으로 회개하여 하나님의 용서를 빌라고 강요한다. 그들은 "죄 없이 망한 자가 누구인가" 하며 격렬하게 다그친다. 그러나 욥은 이 엄청난 고난을 받을 만한 죄를 범했다는 생각을 할 수 없다. 욥과 친구들 사이에서 격론이 계속된다. 그들이 아무리 비판을 해 와도 욥은 그 고난에 상응하는 죄를 자각할 수 없었던 것이다.

▶ 두 번째 논쟁 15~20

친구들은 욥의 고통이 결국 그 자신 받을 만하니까 받는 것이라는, 인과응보 사상을 전제로 하고 있다. 친구들과의 논쟁이 비생산적이라는 것을 깨달은 욥은, 마침내 그를 부당하게 괴롭히고 절망적인 인간붕괴의 막다른 골목까지 몰아넣은 것은, 다름 아닌 전능한 하나님이라고 생각하여 하나님께 도전하기 시작한다.

"내가 말하여도 내 근심이 풀리지 아니하고 잠잠하여도 내 아픔이 줄어들지 아니하리라 이제 주께서 나를 피로하게 하시고 나의 온 집안을 패망하게 하셨나이다"라고 한 것은, 그의 적이 되었다고 생각한 하나님을 규탄한 욥의 말이다. 과연 하나님은 욥의 편인가, 적인가를 고민하면서, 그래도 "나의 증인이 하늘에 계시고 나의 증보자가 높은 데 계시니라"하고 눈물을 흘린다.

▶ 하나님을 보리라 19

욥은 하나님을 보려고 한다. "내 가죽이 벗김을 당한 뒤에도 내가 육체 밖에서 하나님을 보리라". 내 육체가 다 썩은 다음에라도 나는 하나님을 뵈올 것이다. 그는 거칠게 항의하며 이런 처절한 상황 배후에 하나님이 계심을 지목한다. 그러나 그는 하나님이 관대하며 백성을 사랑하는 분이심을 안다. 그는 이런 모순 속에서 신음한다.

▶ 세 번째 논쟁 22~31

논쟁은 지지부진하고 완고하게 펼쳐진다. 친구들은 욥의 죄를 열거하려 하고, 아무도 완벽하지는 않다는 말만 되풀이한다. 욥은 그들에게 조금 빈정거리며 도움을 주어 고맙다고 말한다. 그리고 연설을 시작한다.

▶ 지혜와 명철 28~31

28장에서 놀라운 시를 본다. 사람은 어둠을 뚫고 모든 것을 끝까지 탐지하지만, 지혜와 명철은 금과 은으로 바꿀 수 없으며 진주와 벽옥으로도 비길 수 없다. 그렇다면 그 지혜는 어디서 발견할 수 있는가? 하나님이 그 길을 아시며 있는 곳을 아신다. "보라 주를 경외함이 지혜요 악을 떠남이 명철이라". 하나님과 사람이 맺는 관계에서만 지혜를 얻을 수 있다.

"하나님이 나를 진흙 가운데 던지셨고 나를 티끌과 재 같게 하셨구나 내가 주께 부르짖으나 주께서 대답하지 아니하시오며". 간곡한 욥의 이 호소에 대해 하나님은 의연히 침묵을 지키셨다. 욥은 이 '침묵의 하나님'을 향해 스스로의 결백의 서약을 앞세워 다시 도전한다. 어느 쪽이 옳으냐고. "나를 고발하는 자가 있다면 그에게 고소장을 쓰게 하라 내가 그것을 어깨에 메기도 하고 왕관처럼 머리에 쓰기도 하리라 내 걸음의 수효를 그에게 알리고 왕족처럼 그를 가까이 하였으리라". 욥의 확신은 인간의 한계를 넘어선 숭고한 의의 주장이며, 그것은 하나님의 정의와 싸우는 작은 신의 목소리였다.

엘리후의 등장

▶ 엘리후의 반박 32~37

여기서 젊은 철학자 엘리후가 등장한다. 친구들과 욥의 논박을 뒷전에서 듣던 그는, 분연히 교의에 대해 욥에게 논박하였다. 엘리후의 주장은 첫째, 인간의 죄의 근본은 바로 오만 불손에 있고, 두 번째는 인생의 고난 그 자체에 구원의 힘이 있다는 것이다. 그것은 친구 세 사람의 주장과 근본적으로 다르다. 욥이라는 한 인간이 제기한 인간세계의 부조화는 인과응보의 교리로 파악할 수 없다는 것이다. 이 세상의 괴로움은 무엇보다도 세계질서의 지배자인 하나님의 교육적 조치이며, 사람은 고통을 통해 비로소 자기개선이 가능하게 된다는 것이다.

"하나님은 곤고한 자를 그 곤고에서 구원하시며 학대당할 즈음에 그의 귀를 여시나니"라고 엘리후는 말한다. 인간세계에 일어나는 어떤 재해, 고난도 그것은 모두 하나님의 세계질서 속에 포괄되고 하나님은 의연히 '정의의 하나님'으로 임재하신다는 것이다. 엘리후의 이런 주장에는, 유감스럽게도 욥이 인정하는 스스로의 전 존재를 건 주장, 곧 주체적 진실이 결여되어 있었다. 그러므로 엘리후의 '하나님의 교육적 조치'는 효과적인 해답을 주지 못하였다. 그가 천둥번개 속에 나타나시는 하나님의 권능을 말할 때, 바로 그 폭풍 속에서 하나님의 음성이 들렸고, 엘리후는 욥기의 무대에서 사라진다.

하나님의 사랑

▶ 주를 뵈온 욥 38~42

마침내 '침묵의 하나님'이 몰아치는 폭풍 속에서 욥에게 말씀하신다. 그것은 욥이 당한 상황의 본질을 이해하게 하시려는 하나님의 사랑이었다. "무지한 말로 생각을 어둡게 하는 자가 누구냐?" "내가 이 땅의 기초를 어떻게 놓았느냐?" 천지와 동물들을 낱낱이 열거하며 그 능력과 질서를 과시하신다. 하나님에게 도전하는 것이 정당하다고 생각했던 욥에게 한없는 질문을 퍼부으신다. "트집 잡는 자가 전능자와 다투겠느냐 하나님을 탓하는 자는 대답할지라".

욥은 "보소서 나는 비천하오니 무엇이라 주께 대답하리이까 손으로 내 입을 가릴 뿐이로소이다"라고 고백한다. 지금까지 주장해 온 인간의 정당성을 포기하는 고백이었다. 하나님의 오묘한 창조를 피조물인 인간이 이해할 수 있는 것은 일부분에 불과하다. 하나님의 옳으심은 세상에 대한 인과론으로 증명되는 것이 아니다. 하나님의 옳으심은 하나님 자신이 밝히신다. 이렇게 하나님과 욥 사이의 올바른 관계를 방해하던 '부조화'는 제거되고, 피조물에게 주어진 복된 세계가 욥 앞에 펼쳐진다.

"내가 주께 대하여 귀로 듣기만 하였사오나 이제는 눈으로 주를 뵈옵나이다 그러므로 내가 스스로 거두어들이고 티끌과 재 가운데서 회개하나이다". 이 마지막 고백에 이은 결론에서 하나님은 욥에게 전보다 더 많은 복을 내리신다. 그러나 더 귀한 것은 하나님과 말씀을 나누었다는 사실이다. 우리의 고난이 왜 일어났느냐를 따지지 말고 어떻게 대처해야 할지를 가르쳐 주는 책이다. 하나님은 여전히 우리를 사랑하시고 안전하게 이끄신다는 사실을 기억해야 할 것이다.

시편

여호와가 우리 하나님이신 줄 너희는 알지어다
그는 우리를 지으신 이요 우리는 그의 것이니
그의 백성이요 그의 기르시는 양이로다

- -

　시편은 기원전 약 천 년경인 이스라엘 왕국 성립에서 B.C.3세기까지의 시가(詩
歌)를 모은 문집이다. 150편 중 다윗 왕이 지었다고 하는 73편, 솔로몬, 모세,
아삽, 고라의 자손들 등, 약 8백 년에 걸친 시가의 작자와 연대를 분명하게 결정
짓는 것은 불가능하다.

'찬양의 노래'인 시편(詩篇)은 영적인 경험 및 심정을 노래한 것이다. 이것은 민족의 서정시를 넘어선 보편적인 시어이다. 이들 시를 통해 자신의 목소리를 들을 수 있다.

시편의 유형

시편은 히브리 정신이 넘쳐흐르는 종교적 서정시의 집대성이며, 좋은 때나 어려울 때, 기쁠 때나 슬플 때, 하나님은 모든 순간에 우리와 함께하신다는 묵상이며 노래이다. 풍성한 은유와 음율이 있으며, 때로는 현악으로 피리로 인도자를 따라 부르는 이 노래는 세계문학에 헤아릴 수 없는 큰 영향을 미쳐 왔다. 이것은 형식적으로 제1권(1~41편), 제2권(42~72편), 제3권(73~89편), 제4권(90~106편), 제5권(107~150편)으로 분류된다. 각 권의 마지막 시편은 반드시 '아멘 아멘', '할렐루야'라는 송영으로 맺는다. 이것을 문학유형으로 분류하면 다음과 같다.

▶ 찬송 시

찬송의 시는 우주, 세상의 왕국들, 특히 이스라엘과의 관계에서 하나님을 찬양한다. 곧 하나님께서는 이스라엘의 창조자로서(66:1~12, 100, 111, 149), 세상의 창조자로서(8, 19:1~6, 104, 148), 역사의 주권자로서(33, 113, 145~147) 찬양받으시기에 합당하다는 시이다. 첫째, 하나님께 대한 찬양의 촉구, 둘째, 찬양의 이유, 셋째,

주제의 되풀이와 전개로 구성되었다.

▶ 감사 시

인간이 방황의 경험을 넘어선 후, 하나님께 감사의 찬송과 희생을 드리는 노래이다. 먼저 하나님의 본질에 대한 찬양이오, 두 번째는 특정한 상황(모면한 위험, 풍성한 추수, 전투에서의 승리)에서 하나님이 보여주신 선하심에 대한 찬양이다. 개인적으로는 9, 18, 30, 32 전반, 40 전반이며, 민족적으로는 66:8~12, 107, 124, 129장이다.

▶ 애통 시

시편 중 58편은 애가로 분류할 수 있고, 그 중 42(3~7, 13, 22 전반, 28, 56, 61, 64, 86, 88, 130)편은 개인적인 애가이며 나머지는 공동체적인 애가이다. 개인적인 시들은 시인의 방황과 경험을 통한 인간의 가장 깊은 고통과 소망을 표현하며, 때로는 직설적이고 열띤 감정으로 기도한다. 또 하나님의 노골적인 망각에 항변하기도 하는데, 기도의 응답을 받음으로 얻은 확증, 믿음으로 드리는 감사로 끝나기도 한다. 첫째, 하나님께 호소하고, 둘째, 비탄의 상황을 묘사하며, 셋째, 하나님께 용서와 구원을 빌며, 넷째, 찬송과 감사를 드린다. 또한 민족 전체에 관한 전쟁, 기근 그 밖의 국난 에 대해 공적인 집회에서도 노래한다.

이 밖에 유명한, 하나님을 신뢰하는 노래(23)가 있고, 왕의 노래(2), 지혜의 노래(37), 시온의 노래(46), 율법의 노래(119), 창조주이신 하나님(104), 회개의 노래(32)로 분류할 수도 있다.

시편은 하나님에 대한 이해와 경험과 예배를 위한 것이다. 그러나 인간의 감정과 막힘없는 거친 정서를 그대로 기록하였다. 구속하신 분에 대한 이스라엘의 응답은 시편 속에 영원히 증명되고 있다.

잠언

여호와를 경외하는 것이 지식의 근본이다
어리석은 자를 슬기롭게 하며 젊은 자에게
지식과 근신함을 주기 위한 것이다

주로 다윗의 아들, 이스라엘 왕 솔로몬의 잠언이다. B.C.10세기에 기록되었고,
민화에서 시작하여 지혜의 본질, 하나님, 사람, 우주에 관한 심오한 사색을 담은
격언의 모음집이다. 생각하게 하는 책이다.

잠언(箴言)의 주제

이 책의 서문에는 지혜, 교훈, 깨달음, 명철함, 정의, 공정, 공평, 근신이라는 처세훈의 중심 개념을 열거하였다. 삶의 실질적인 지침을 담고 있으며 아래와 같은 주제를 생각할 수 있다.

첫 째 지속적이고 적극적으로 지혜를 구하라고 촉구한다.
둘 째 나쁜 친구를 멀리 하라.
셋 째 가난한 자를 도우라.
넷 째 말을 삼가라.
다섯째 잠자리에서 일어나라.
여섯째 사지(死地)와 스올로 가지 말라.

▶ 솔로몬의 지혜 1:8~9:18

지혜로운 처세를 위해 아버지가 아들에게 주는 훈계이며 "내 아들아", "아들들아"로 시작되는 10개의 교훈집과 일반적인 지혜 자체를 가르친 격언이다. 지혜는 여호와께서 태초에 일하시기 전에 가지셨으며, "여호와를 경외함이 지식의 근본이다"에서 출발하여 아들들에게 삶의 지침, 행위의 기준을 가르친다. 지혜에 맞선 어리석음은 유혹하고 현혹하는 사악한 여인만큼 경계할 일이라고 말한다. 지혜의 중요함을 강조한다.

▶ 솔로몬의 잠언 10:1~22:16

잠언의 중심부이며, 375개의 격언으로 성립되었다. 문체도 단순한 비유로 시종된다. "지혜로운 아들은 아비를 기쁘게 하거니와, 미련한 아들은 어미의 근심이니라". "손을 게으르게 놀리는 자는 가난하게 되고 손이 부지런한 자는 부하게 되느니라"라고 말한다.

16장 이후는 형식이 다소 바뀌면서 "너의 행사를 여호와께 맡기라 그리하면 네가 경영하는 것이 이루어지리라"라고 하며, 다양한 주제를 다룬 경구들이 등장한다. 의(義), 정조, 우정, 조심스러운 연설, 예배 등 인생 전체를 논한다.

▶ 지혜 있는 자의 교훈 22:17~24:34

권고하는 말투로 쓰인 이 부분의 전반에서는 행해서는 안 되는 일을 말하였고, 후반에서는 그 이유를 설명하였다. 전반에서는 "묻는 사람에게 대답할" 사람을 위해 쓴 글이다. 후반은 사회적인 정의와 공동체를 위한 조언을 다루었다. "너는 그가 행함 같이 나도 그에게 행하여 그가 행한 대로 그 사람에게 갚겠다 말하지 말지니라"라고 하여, 앞서 말한 "입과 혀를 지키는 자는 자기의 영혼을 환난에서 보전하느니라"에 비해 사상적으로 커다란 발전을 볼 수 있다.

▶ 추가된 솔로몬의 잠언 25:1~29:27

히스기야 왕(B.C.715~678) 시대에 필사된 것으로 알려졌다. 즉 이 사본은 히스기야 왕을 섬기는 지혜 있는 자들이 편집한 것이며, 그 원본이나 구전이 있을 것으로 본다. 이 경구들은 고전적인 댓구 형식을 취한다. 여기서 여호와를 언급한 격언은 극히 적으며, 전반에는 절제의 권고, 어리석은 자와 게으른 자에 대한 경고를 비교 대조하며 기록하였다. 후반은 더 시적이며 직유와 은유가 많이 동원된 격언이다.

▶ 아굴의 잠언 30

야게의 아들 아굴(이디엘은 그의 별명)의 격언이다. 그의 격언은 14절까지이며, 세계 창조자인 하나님의 이름을 묻는 1절에서 4절은 욥기(26:8절, 38:38)에서 인용하였고, 이에 대답한 5~6절은 시편과 신명기의 말씀이다. "하나님의 말씀은 다 순전하며 하나님은 그를 의지하는 자의 방패시니라 너는 그의 말씀에 더하지 말라 그가 너를 책망하시겠고 너는 거짓말하는 자가 될까 두려우니라"의 배후에서 이미 성경 성립의 단계에 들어섰음을 보여준다. 15~33절은 사람들의 주의를 모으기 위해 덧붙인 격언이다. 아굴은 초현실적인 심성을 가진 것 같다.

▶ 르무엘의 잠언 31

정확하게 말하면 르무엘 왕의 잠언은 1~9절이며, 르무엘의 어머니가 왕에게 준 절제와 관용에 관한 교훈을 담은 4행시이다. 르무엘의 어머니는 정숙함과 인내, 정의에 초점을 맞춘 잠언을 남겼다. 10~31절은 유명한 '이상적인 아내'이다. 이것은 작자가 분명치 않다고 한다. 히브리어 알파벳순으로 머리글자가 시작되는 절구로, 화려한 아름다움보다 집안일을 돌보아 가정을 세우는, 진주보다 값진 현숙한 여인에 대한 찬가이다. "고운 것도 거짓되고 아름다운 것도 헛되나 오직 여호와를 경외하는 여자는 칭찬을 받을 것이라."

전도서

헛되고 헛되며 헛되고 헛되니 모든 것이 헛되도다
어리석음보다 지혜가 낫다
너는 청년의 때에 너의 창조주를 기억하라

　다윗의 아들 예루살렘 왕, 전도자의 말이다. '코헬렛의 말'이란 '회중을 가르치는 자의 말'을 뜻하며 일반적으로 솔로몬을 가리킨다. 이 책의 성립은 B.C.250년경이다. 그러나 B.C.935년 등 저자와 성립 연대에 대한 이견이 많다.

전도서(傳道書)의 시대적 배경

전도서는 성경 중 놀라운 책 중의 하나이다. 삶에 대한 냉소적이고 침울한 실망이 깔려있다. 시대적 배경을 살펴보면 신앙의 박해나 민족주의적 저항이나 싸움이 아직 없는, 유다 지배층에게는 그야말로 평온한 시대였다.

게다가 국제적인 문화 교류로 새로운 그리스적 교양, 이집트의 지성, 낯선 외국의 생활양식을 접하게 된다. 사람들은 이스라엘의 전통에 이런 것을 절충시키려는 혼란한 시기를 맞는다.

저자는 이런 소용돌이 속에서 즐거움도, 수고도, 부귀영화도 헛되다고 갈파한다. 그리고 그것들을 똑바로 고쳐 보는 사색을 한 것이다.

▶ 모든 것이 헛되도다 1:1~2:26

"헛되고 헛되니 모든 것이 헛되도다", "해 아래에는 새 것이 없다", "눈은 보아도 족함이 없고 귀는 들어도 가득 차지 아니하도다", "모두 다 헛되어 바람을 잡으려는 것과 같다"로 시작되는 전도서는 충격적이면서 누구나 한 번쯤은 고민해 보는 생각들이다.

저자는 호사스럽게 영예를 누리며 살았다. 당대 최고의 현자이다. 그는 그의 많은 경험을 통해 인생의 이런 저런 말들을 늘어놓는다. 그리고 그래도 어리석은 것보다는 현명한 것이 낫다고 결론짓지만, 그것 역시 마지막에는 잃어버릴 것에 불과하다고 생각한다.

"사람이 먹고 마시며 수고하는 것보다 그의 마음을 기쁘게 하는 것은 없나니 이것도 하나님의 손에서 나오는 것이로다"라고도 말한다. 그는 "하나님은 그가 기뻐하시는 자에게는 지혜와 지식과 희락을 주시나 죄인에게는 노고를 주시고 그가 모아 쌓게 하사 하나님을 기뻐하는 자에게 주게 하시지만 이것도 헛되어 바람을 잡는 것이로다" 하며 개탄한다.

▶ 모든 일에 때가 있다 3:1~22

"범사에 기한이 있고 천하만사가 다 때가 있나니". 3장은 아름다운 구절로 시작된다. 냉소적인 사고 속에서도 하나님이 "모든 것을 지으시되 때를 따라 아름답게 하셨음을 보았다. 하나님께서 행하시는 모든 것은 영원히 있을 것이라"라고 말하며, 유한한 인간이 그분의 행하심의 처음과 끝을 헤아릴 수 없음을 개탄한다.

▶ 인생은 불공평하다 4:1~6:12

그는 다시 어두움을 응시한다. 그는 당대 최고 통수자이다. 학대받는 자의 눈물, 끝없는 수고의 헛된 노고, 불의가 온 천지에 만연하고 있는 것을 보았다. 그는 해 아래에서 행하는 악한 일을 보느니 차라리 죽는 것이, 아니 태어나지 않았더라면 좋을 뻔했다고 말한다.

'재물과 존귀도 헛되도다(5:8~12).' 전도서가 제기하는 가장 핵심적인 이야기이다. 그가 거론하는 불의에 대해 놀랄 것은 없다. 세상의 길이 다 그런 것이기 때문이다. 이것은 왠지 불편한 이 책의 진실일지도 모른다. 그(왕)는 삶이 그토록 불공평해야 하는가? 거기서 그릇된 것이 무엇인지 안다. 그런 사태를 변화시키려고 하면 그럴 힘도 있다. 그러나 그는 손가락 하나 까딱하지 않는다.

"꿈이 많으면 헛된 일들이 많아지고 말이 많아도 그러하니 오직 너는 하나님을 경외할지니라" 하며 전도자는 우리를 일깨워 주려는 것인지 모른다.

▶ 아무도 미래는 알 수 없다 7:1~11:6

점차 긍정적인 분위기가 감돈다. 그는 "지혜는 유산 같이 아름답고 햇빛을 보는 자에게 유익이 되도다", "형통한 날에는 기뻐하고 곤고한 날에는 되돌아 보아라 … 사람이 그의 장래 일을 능히 헤아려 알지 못하게 하셨느니라"라고 말한다.

또 "죄를 범하지 아니하는 의인은 세상에 없다"며 완벽한 인간이 없음을 말한다. "사람들이 하는 모든 말에 네 마음을 두지 말라", "왕의 명령을 지키라", "지혜가 힘보다 나으니", "지혜는 너에게 웃음을 준다"고 강조한다. 또 "너는 네 떡을 물 위에 던지라 여러 날 후에 도로 찾으리라"와 같이 베풀면 도로 찾는다는 등 그는 상이 떠오르는 대로 스스로에게 타이르듯 훈계한다.

한편으로 "마음은 올무와 그물 같고 손은 포승 같은 여인은 사망보다 더 쓰다"고 경고하였으며, "하나님은 사람을 정직하게 지으셨으나 사람이 많은 꾀를 낸다", "악인이 잘 된다", "우매함이 모든 것에 전염된다"는 등 논지는 종횡으로 오가며, '만사를 성취하시는 하나님의 일을 네가 알지 못하느니라'라고 말한다.

▶ 하나님을 경외하라 11:7~12:14

저자는 오랜 방황 끝에 "아름다운 빛을 보는 것은 즐거운 일이라"

젊은이를 위해
요약한 구약성경 이야기

고 한다. 그는 젊은이에게 "너는 청년의 때에 너의 창조주를 기억하라"고 훈계한다. 후대 사람들이 그를 보고 회의론자라고 말한 것은 잘못이다. 그는 "하나님은 인간에게 영원을 생각하는 사고를 주셨다"고 말하며, 그것은 사람들이 '하나님을 경외하는 마음(신앙)'을 갖게 하기 위해서라고 말한다. 하나님을 따르라고 하기보다는 하나님을 인정하지 않는 세상의 헛됨, 그 인간의 우매를 근본적으로 다시 보며 가르치고 깨우치게 한다.

인간의 행위와 결과에 어떤 윤리적인 질서가 있는가? 인간은 이를 추구하여 헛된 노력을 계속하는 것이다. 사람의 죽음은? 이런 인생의 물음을 통해 사람은 하나님이 행하시는 일을 보는 것이다. 그러므로 젊은 날에 너의 창조주를 기억하라고 가르치는 저자는 어디까지나 전능하신 하나님을 확신하는 것이다. "하나님을 경외하고 그의 명령들을 지킬지어다 이것이 모든 사람의 본분이니라". "하나님은 모든 행위와 모든 은밀한 일을 선악 간에 심판하시리라"라고 끝맺는다.

아가

너는 나를 도장 같이 마음에 품고 도장 같이 팔에 두라
사랑은 죽음 같이 강하고 질투는 스올 같이 잔인하며
불길 같이 일어나니 그 기세가 여호와의 불과 같으니라

'솔로몬의 아가'는 작가를 솔로몬으로 꼽으나 불확실하다. 저작 연대는 B.C.3
세기경으로 보며 배경은 예루살렘이다.

아가(雅歌)란 '가장 아름다운 노래들'이란 뜻으로 내용은 사랑의 노래이다. 이 연애시는 처음에 고대 가나안에서 농업의 풍작을 기원하는 제사에서 불렀는데, 바벨론의 '성스러운 결혼' 의식을 거쳐 이스라엘에 들어와서는 남녀의 완전한 사랑의 노래로 불리게 된 것 같다. 신랑 신부의 아름다움을 찬미하는 이 노래를 부르는 주요 장소는 이스라엘 결혼식이다.

▶ 서곡 1:2~6

아가 전 8장에 걸친 관능적인 노래는 "내게 입맞추기를 원하니 네 사랑이 포도주보다 나음이로구나"로 시작된다. "왕이 나를 그의 방으로 이끌어 들이시니 너는 나를 인도하라 우리가 너를 따라 달려가리라 우리가 너로 말미암아 기뻐하며 즐거워하니 네 사랑이 포도주보다 더 진함이라". "나는 샤론의 수선화요 골짜기의 백합화로다". "너희는 건포도로 내 힘을 돕고 사과로 나를 시원하게 하라 내가 사랑하므로 병이 생겼음이라". "그가 왼팔로 내 머리를 고이고 오른팔로 나를 안는구나"라고 노래한다.

▶ 신랑 신부의 노래 1:7~6:4

"내 마음으로 사랑하는 자야 네가 양 치는 곳과 정오에 쉬게 하는 곳을 내게 말하라". "내 사랑하는 자는 내게 속하였고 나는 그에게 속하였도다 내 사랑하는 자야 날이 저물고 그림자가 사라지기 전에 돌아와서 베데르 산의 노루와 어린 사슴 같을지라" 하며 사랑의 노래는 은유적인 표현으로 깊어 간다. "마음에 사랑하는 자를 만나서 그를 붙잡고 내 어머니 집으로, 그를 잉태한 이의 방으로 가기까지 놓지 아니하였노라"라고 노래한다.

그리고 혼인날의 묘사이다. "내 사랑 너는 어여쁘고도 어여쁘다 너울 속에 있는 네 눈이 비둘기 같고 네 머리털은 길르앗 산기슭에 누운 염소 떼 같구나". "너는 동산의 샘이요 생수의 우물이요 레바논에서부터 흐르는 시내로구나". "내 사랑아 너는 디르사 같이 어여쁘고, 예루살렘 같이 곱고, 깃발을 세운 군대 같이 당당하구나".

6장 11절에서는 목자의 연인 술람미 여자에 대한 노래가 나온다. "돌아오고 돌아오라 술람미 여자야 돌아오고 돌아오라 우리가 너를 보게 하라". "합환채(合歡菜)가 향기를 뿜어내고 우리의 문 앞에는 여러 가지 귀한 열매가 새 것, 묵은 것으로 마련되었구나 내가 내 사랑하는 자 너를 위하여 쌓아 둔 것이로다".

8장 4절에는 "예루살렘의 딸들아 내 사랑하는 자가 원하기 전에는 흔들지 말며 깨우지 말지니라" 고 하였으며, 6절에서는 "너는 나를 도장 같이 마음에 품고 도장 같이 팔에 두라 사랑은 죽음 같이 강하고 질투는 스올 같이 잔인하며 불길 같이 일어나니 그 기세가 여호와의 불과 같으니라"라고 노래한다.

▶ 종곡 8:8~14
"우리에게 있는 작은 누이는 아직도 유방이 없구나 그가 청혼을 받는 날에는 우리가 그를 위하여 무엇을 할까 그가 성벽이라면 우리는 은 망대를 그 위에 세울 것이요 그가 문이라면 우리는 백향목 판자로 두르리라". "나는 성벽이요 내 유방은 망대 같으니 그러므로 나는 그가 보기에 화평을 얻은 자 같구나". "내 사랑하는 자야 너는 빨리 달리라 향기로운 산 위에 있는 노루와도 같고 어린 사슴과도 같아라"라고 마무리한다.

아가는 남녀 간의 순결한 성적 사랑을 노래하며, 이것은 하나님이 인간에게 주신 선물로 받아들인다. 나아가 하나님의 사랑에 대한 이해가 이를 통해 더욱 온전해질 수 있는 데까지 다다르는 일이 그 목적이다. 이것은 당시의 궁중 귀족만의 '지혜'가 아니라 이스라엘 전체 젊은이의 지혜가 되었다. 아가는 단순한 연애의 찬가로 끝나지 않는다. 신비하고 격정적인 남녀의 사랑을 넘어서 하나님과 그의 백성 간의 사랑을 풍유적으로 노래한 것이라고 유대인 랍비들은 가르쳤다. 그리스도와 그의 교회, 또 그리스도와 신자 간의 영혼의 사랑을 비유한 것으로 볼 수 있다.

이사야

보라 내가 새 하늘과 새 땅을 창조하나니 이전 것은
기억되거나 마음에 생각나지 아니할 것이라
너희는 내가 창조하는 것으로 말미암아
영원히 기뻐하며 즐거워할지라

이사야서는 후예언서 중 3대 예언서에 속한다. 적어도 B.C.2세기경에 확립된
것으로, 선지자 이사야의 연설을 담은 책이다.

전예언서가 역사책인 데 비해 후예언서는 고대 이스라엘 선지자들의 말을 그 내용으로 한다. 이 책들은 여호와 신앙에 굳게 서서 사회와 인간의 구체적인 제 문제를 똑똑히 주시하는 비판 바로 그것이었다. 그들은 현실의 역사 한가운데서 역사를 넘어서는 지평을 연 사상가들이다. 이사야서는 상징적인 행동의 기사와 예언적인 이야기를 모아 편집한 것으로 본다.

이사야의 소명

'여호와가 구원하신다'라는 뜻의 이름을 가진 이사야는 아모스의 아들로, B.C.8세기 중엽 유다 왕 4대에 걸쳐 예루살렘에서 살며 예언하였다. 그가 전한 주요 메시지는 앗시리아와 바벨론의 위협에 대한 경고였다. 그 무렵 이스라엘과 유다 남북 양 왕국은 외적으로는 앗시리아와 이집트라는 대국의 공격을 받아 함락 직전까지 이른다. 또 내적으로는 왕국 성립 이후 서서히 사회의 계급화가 진행되고 있었다. 이런 시대에 선지자 이사야가 하나님 여호와의 부르심을 받는다.

이사야서는 제1, 제2, 제3 이사야서로 나눌 수 있다. 저자는 이사야, 여러 명의 이사야로 알려졌는데, 제1 이사야의 주요 부분을 남긴 사람이 위에서 말한 아모스의 아들 이사야이다.

▶ 제1 이사야 1~39

초기의 이사야는 주로 예리한 종교비판과 사회비판에 집중한다. 그 무렵 이스라엘의 전통적인 '기업의 땅'이 해체되고, 부(富)가 일부에 집중되며, 사회적인 약자의 삶은 짓밟히고 있었다. 악과 부패, 제사를 드리면서도 죄를 짓는 모습, 이사야는 이런 것을 좌시할 수 없었다. "슬프다 범죄한 나라요 허물진 백성이요 행악의 종자요 행위가 부패한 자식이로다 그들이 여호와를 버리며 이스라엘의 거룩하신 이를 만홀히 여겨 멀리하고 물러갔도다"고 개탄하였다.

그는 "또 그가 기치를 세우시고 먼 나라들을 불러 땅 끝에서부터 자기에게로 오게 하실 것이라 보라 그들(앗시리아)이 빨리 달려올 것"이라고 경고한다. 그러나 아무도 그의 예언을 듣지 않았다. '포도원의 노래'는 하나님의 백성에 대한 심판의 풍유이며, "화 있을진저"라는 언급이 뒤따라 나온다.

이사야는 환상을 보았다. 그의 입에 불붙는 숯이 닿았다. "보라 네 악이 제하여졌고 죄가 사하여졌느니라". 그를 깨끗하게 하시기 위함이었다. 그를 선지자로 부르신 것이다. 그는 "여호와께서 이르시되 가서 이 백성에게 이르기를 너희가 듣기는 들어도 깨닫지 못할 것이오 보기는 보아도 알지 못하리라"라고 말한다.

이사야는 이런 불온한 국제 정세 속에서 동요하는 위정자들에 대해 여호와 신앙을 강력히 요구하였다. 군사력을 믿지 말며, 대국과의 동맹에 의존하지 말고, 오로지 여호와께만 의지하라고 주장한다.

"그 날에는 주께서 하수 저쪽에서 세내어 온 삭도 곧 앗수르 왕으로 네 백성의 머리털과 발 털을 미실 것이요 수염도 깎으시리라"라고 예언한다. 대국의 힘에 좌우되는 것처럼 보이는 역사도 궁극적으로는 역사의 참 주재이신 여호와의 뜻을 따라 흐른다고 강력히 주장한다.

그러나 이런 발언은 위정자들이 받아드릴 만한 것이 아니었다. 그렇다면 여호와의 심판으로 이스라엘 백성의 멸망이 불가피한 것 아닌가. 선지자 이사야는 깊은 절망에 빠졌다.

그러나 이런 절망 속에서 이사야는 희망의 등불을 높이 들어올린다. 그는 놀랍게도 평강의 왕이 임하심을 예고한다. "보라 처녀가 잉태하여 아들을 낳을 것이요 그의 이름을 임마누엘이라 하리라(7:14)" 먼 미래를 내다보는, 예수님 오심을 예고한다. 이새의 뿌리에서 한 싹이 공의로 그의 허리띠를 삼으며 성실로 그의 몸의 띠를 삼으리라. 이상적인 왕의 통치 시대를 고하는 메시아 예언이었다.

유린된 이스라엘에 구원의 날이 찾아온다. 그것은 무력으로써가 아닌, 하나님 여호와에 대한 신뢰를 바탕으로 한 '의와 공정'으로 지배하는 시대, 가난한 자, 약한 자의 권리가 보장되는 시대가 아니면 안 된다고 역설한다.

약 29년 후 히스기야 치세 때 이사야는 왕에게 이집트와 동맹을 맺지 말라고 경고한다. 그는 여호와의 말씀대로 '삼 년 동안 벗은 몸과 발로 다니며 애굽과 구스에 대한 징조와 예표'가 되었다. 그는 포로와 같은 모습으로 예루살렘 근방을 돌면서, "애굽의 포로와 구스의 사로잡힌 자가 앗수르 왕에게 끌려갈 때에 볼기까지 드러내어 애굽의 수치를 보일 것임"을 예언한 것이다. 이사야의 사회 비판, 종교비판, 그리고 정치비판은 이 메시아 사상에서 역설적인 결실을 보인다.

이사야 22장 1~14절은 '환상의 골짜기'에 관한 경고이다. 곧 예루살렘에 관한 계시이다. 지도자들은 도망치고 백성들은 '칼이 아닌 것'에 죽어나간다. 24장에서는 여호와께서 땅을 벌하시리라 했고, 지상의 행악자들뿐 아니라 '그 위에 있는 권세들도 심판하실 것'이라고 하였다.

25장에서는 앗시리아 군대 괴멸 후의 상황으로 넘어간다. "여호와께서 오래 저장해 두었던 포도주로 연회를 베푸신다". "사망을 영원히 멸하실 것이라". 모압은 하나님을 반대할 모든 자들의 상징이다. "그들은 오물통에서 헤엄치려고 손을 펴게 될 것이다". 또 "너희는 여호와를 영원히 신뢰하라 주 여호와는 영원한 반석이심이로다 승리를 주시리라"라고 말한다.

28장에는 반역하는 나라들과 백성에 관한 말들이 섞여 있다. 사마리아와 예루살렘에게 경고하고, 거짓 제사장들과 예언자들, 무지하고 부패한 지도자를 정죄한다. 30~31장은 이집트를 신뢰하는 것에 대해 엄하게 경고한다. 이사야는 이집트를 무용지물이 된 짐승에 비유하며, 앗시리아는 패망할 것임을 상기하게 한다.

32장에서 새로운 세계 질서에 대한 엄청난 계획이 시작된다. 의롭고 새로운 사회가 펼쳐진다. 33장은 패망한 이스라엘에 대한 그림이며, 앗시리아 침략군에 대한 경고이다. 34, 35장은 '모든 나라들', 특히 에돔에서 정의를 호소하는 장면이다. 뿔뿔이 흩어졌던 이스라엘은 돌아오고 '슬픔과 탄식이 사라질 것이다'라고 말한다.

앗시리아 왕 산헤립은 예루살렘 정복을 시도했으나 여호와께서 "그가 이 성에 이르지 못하며 오던 길 곧 그 길로 돌아가"라고 말씀하시며, 진중에 있는 십팔만오천 명을 치셨다. 산헤립은 돌아가 니느웨에서 그의 아들들 칼에 죽는다.

히스기야 왕이 병들어 죽게 되자 그는 여호와께 간절히 기도한다. 여호와의 말씀이 이사야에게 임하여 그에게 회복의 놀라운 징조를 보이신다. "해시계에 나아갔던 해 그림자를 뒤로 십도 물러가게" 하신 것이다. 왕의 생명을 '태양 속에' 몇 년 더 연장하게 하는 것이 하나님의 징표였다.
그러나 회복된 히스기야는 바벨론에서 온 사절단에게 이스라엘의 요새들, 무기창고와 보물 창고를 모두 보여준다. 이사야는 히스기야에게 여호와의 말씀을 들으소서, "보라 날이 이르리니 네 집에 있는 모든 소유와 네 조상들이 오늘까지 쌓아 둔 것이 모두 바벨론으로 옮긴 바 된다"고 하셨나이다 하며 통탄한다.

그는 B.C.750~700년에 걸쳐 예루살렘에서 활약하였다. 하나님의 심판과 구원을 예언하였고, 놀라운 새 시대를 바라보았다. 전설에 따르면 이사야는 므낫세 왕에 의해 톱으로 켜져 두 동강 났다고 한다.

▶ 제2 이사야서 40~55

"너희는 위로하라 내 백성을 위로하라"로 시작되는 장대한 예언시의 작자를 편의상 제2의 이사야라고 부른다. 바벨론으로 끌려간 유다 민족은 50년이 지나 바벨론을 정복한 페르시아 왕 골레스의 해방령에 따라 고국 귀환이 허용된다.

제2 이사야는 골레스의 해방령이 나오기 전에. 이미 역사적 통찰로 골레스에 의한 유다 민족의 해방과 고국 귀환을 예견하였고, 이를 하나님 여호와의 뜻으로 받아들였다. 그는 다가올 구원을 엄청난 예언시 형태로 노래하여 절망 속에 있는 동포들에게 이 아름다운 소식을 고지한 것이다.

"영원하신 하나님 여호와, 땅 끝까지 창조하신 이는 피곤하지 않으시며… 피곤한 자에게는 능력을 주시며 무능한 자에게는 힘을 더하시며… 오직 여호와를 앙망하는 자는 새 힘을 얻으리니"라고 격려한다. 이사야의 제2 예언시는 그 희망의 우렁참과 극적인 아름다움뿐만 아니라 사상적으로도 차원이 높음을 보여준다. 이렇게 세계를 역사와 자연의 종합으로 파악하고, 이스라엘 민족의 신은 역사의 주재신 및 자연의 창조신인 유일 절대의 하나님이라고 말하였다.

역사도 자연도 현상적으로는 덧없이 변해 간다. 그러나 이것을 주재하는 하나님의 권능은 영원하시다. 작자는 이스라엘의 구원의 근거를 이 하나님의 섭리에 둔다. 그렇다면 백성의 '구원'은 바로 이 하나님의 영광의 나타나심이다. "하늘이여 노래하라 땅이여 기뻐하라 산들이여 즐거이 노래하라 여호와께서 그의 백성을 위로하였은즉 그의 고난당한 자를 긍휼히 여기실 것임이라".

특히 '고난 받는 종'이라 불리는 마지막 노래에서 '많은 사람'의 죄를 대신 지시는(죽음으로) 여호와의 종을 인상 깊게 노래한다. "그가 찔림은 우리의 허물 때문이요 그가 상함은 우리의 죄악 때문이라" 세계를 통치하시는 여호와의 구원의 사업은 궁극적으로 위풍당당한 '왕'에 의해서가 아니라, 사람들이 꺼려하고 멀리하며, 버려진, 한 종의 고난을 통해 실현된다는 것이다.

"그가 자기 영혼을 버려 사망에 이르게 하며 범죄자 중 하나로 헤아림을 받았음이니라 그러나 그가 많은 사람의 죄를 담당하며 범죄자를 위하여 기도하였느니라" 하였다. 그는 먼 미래를 바라보았다. 메시아가 다스리시는 시대를 예견한 것이다. 그리고 "하나님은 영원한 자비를 약속하신다"고 노래하면서 이스라엘의 회복을 축하하는 승리의 찬송으로 끝을 맺는다.

▶ 제3 이사야서 56~66

이사야서의 마지막 부분은 억류되었던 포로 생활에서 예루살렘으로 돌아온 사람들에게 주는 예언이다. 그들 공동체의 재건은 순조롭지만은 않았다. 그들의 관심사에 관한 계시를 모아놓은 것이 이것이다. 몇몇 저자들의 예언들은, 이 시대를 배경으로 하여 여호와의 신앙에 굳건히 서서, 율법(특히 안식일)을 지키고, 우상숭배를 버리고, 정의와 공정으로 '가난한 자를 돌볼 것'을 백성들에게 요구한 것이다.

59장에서는 민족적 신앙 고백과 회개에 대한 요구, 60~62장에는 회복된 예루살렘을 축하하는 시, 종된 백성의 사명, 구원의 아름다운 소식을 열거하였다. 63장에서 하나님의 원수 갚으심을 서술하고, 애가와 긍휼에 대한 기도가, 악인을 위한 심판과 의인을 위한 '새 하늘과 새 땅'에 대한 하나님의 약속으로 응답된다고 적는다.

예
레
미
야

그러나 그날 후에 내가 이스라엘 집과 맺은 언약은
이러하니 곧 내가 나의 법을 그들의 속에 두며
그들의 마음에 기록하여 나는 그들의 하나님이 되고
그들은 내 백성이 될 것이라

구약성경 대예언서 중 두 번째 책으로, 선지자 예레미야의 말과 활동을 기록한 것이다. 이것은 예레미야의 절친한 친구이자 최후까지 예레미야를 이해했던 서기관 바룩이 구술 필기한 예언집과 예레미야 수난기, 《고백록》 등을 자료로 하여 성립되었다. 저작 연대는 B.C.627~568년경이다.

시대적 배경

B.C.621년 요시야 왕의 개혁을 계기로 찾아온 유다 부흥 시대는, 이집트 왕 느고의 군대와 맞서 싸우려 한 요시야의 죽음으로 궤멸된다. 요시야의 아들 여호아하스도 신바빌론 왕 느부갓네살의 공격을 앞두고 죽는다.

그를 이은 여호야김은 불과 3개월 만에 느부갓네살에게 붙잡혀 제1회 바벨론 포로가 된다. 느부갓네살은 그 대신 시드기야를 왕위에 세워 유다를 속국으로 만들었다. 그러나 시드기야는 이집트 지지에 의지하는 국수파에 선동되어 바벨론에 반기를 들었고, 결국 그들의 공격으로 예루살렘은 함락되어 유다의 중요 인물들은 바벨론으로 끌려갔다(제2회 포로, B.C.587~6).

이렇게 유다왕국은 붕괴되고, 그다랴를 총독으로 한 일개 속주로 화했다. 그 후 그다랴도 암살되어, 유다의 역사는 포로들이 귀환하는 B.C.538년까지 확실히 알 수는 없다.

이런 어려운 시대에, 거짓을 가장 싫어한 선지자 예레미야가 멸시와 학대를 받으며 평생 줄기차게 신실한 신앙을 절규한 기록이 예레미야서이다.

예레미야의 소명

제사장 힐기야의 아들 예레미야는 예루살렘에서 조금 떨어진 아나돗에서 자란 섬세한 청년이었다. 그가 여호와의 강렬한 소명, 곧

젊은이를 위해
요약한 구약성경 이야기

"내가 너를 모태에 짓기 전에 너를 알았고… 너를 성별하여 여러 나라의 선지자로 세웠노라"라는 소명을 받았을 때, 그는 당황하며 "슬프도소이다 주 여호와여 나는 아이라 말할 줄을 아지 못하나이다" 하였다. 그러나 이때 그의 생애에 고뇌와 비극이 약속된 것이다. 그가 부르심을 받은 것은 B.C.627년이었다.

▶ 예레미야의 초기 활동 1~6

이런 어려운 시대에 선지자의 소명을 받은 예레미야에게, 하나님은 앞으로 다가올 재앙을 예고하라고 하신다. "네 허리를 동이고 일어나 내가 네게 명령한 바를 그들에게 말하라."

그의 초기 예언활동은 요시야 개혁 기간에 해당한다.

예레미야가 동포에게 고지해야 할 일, 그것은 '북방으로부터 재앙'이 닥쳐온다는 것이었다. 백성들이 행한 '악' 때문에 하나님 여호와는 백성에게 '재앙'을 내리실 거라는 고지였다. 백성의 '악'이란 여호와 신앙에서 떠나 바알 숭배로 타락한 종교적인 죄와, 가난한 자를 돌보지 않는 사회적 불의와 부정을 말한다.

예레미야는 단순히 현상적인 '악'을 지적하고 규탄하는 데 그치지 않았다. '악'의 그늘에 숨어 있는 인간의 '마음의 악'을 문제 삼았다. 종교적인 지도자를 비롯해, 마음까지 악에 물든 이 백성은 여호와의 심판을 피할 수 없다. 예레미야는 그렇게 확신하였다. 그러나 그는 스스로 이 민족의 한 사람으로서, 이런 자기 확신에 오히려 소스라쳐, 홀로 번민하고 있던 것이다.

요시야의 개혁에 예레미야가 어떻게 대응하였는지는 확실하지 않다. 아마 호의적으로 지켜보았을 것이다. 나라를 잃고도 여전히 부흥을 되찾지 못한 북 이스라엘 동포에게 '돌아오라'고 외친 것은 이 무렵인 것 같다.

▶ 여호야김 시대의 예레미야 7~37

10년여의 침묵을 깨고 예레미야가 다시 등장한 것은 여호야김 치세 때이다. 요시야의 죽음으로 불안과 동요에 휩싸인 그 시대에, 그는 백성들 앞에 우뚝 섰다. 지금 필요한 것은 이교 신앙과 형식적인 제사를 불식하고, 사회적 불의를 청산하며, 하나님 여호와 앞에서 진실된 모습으로 서는 것이라고 말했다. 그러나 유다 백성들은 힌놈의 아들 골짜기에서 거짓 신들에게 아이를 불살라 바치기까지 했다.

여기서부터 예레미야의 고난이 시작된다. 친한 친구는 그를 배반하였고, 들을 귀를 갖지 않은 지도자들은 그를 말살하려고 하였으며, 고향 사람들은 그의 암살을 꾀하였다. 그는 흔히 눈물의 예언자라고 불린다. 그는 그의 소명과 깊은 절망으로 심각한 갈등에 빠진다. 하지만 그는 앞으로 일어날 일이 어떤 것인지 정확하게 알고 있었다.

그에게는 도처에 널린 시체들, 황폐한 땅이 보이는 것이다. 그는 대중에게 영합하는 안이한 예언을 하기에는 너무나 진실되었다. 그의 예언은 유다 왕국의 멸망을 전제로 하였다. 다가올 포로 생활을 과감하게 예고하였고, 70년 동안 포로로 억류돼 있을 것이라는 일, 다윗 왕조의 단절까지도 예언한 것이다.

예레미야는 모든 것을 바꾸는 하나의 환상을 본다. 하나님이 자기 백성을 위해 안전한 미래를 예비하신다. 그들은 고향으로 돌아올 것이며 다시 기뻐할 것이다. 하나님은 땅의 회복이 아니라 새로운 언약, 자기 백성에 대한 새로운 조치를 약속하신다. 그는 여호와의 말씀대로 고향 아나돗에 밭을 샀다. 이미 적의 점령하에 들어간 곳에 밭을 산다는 것은 어리석은 짓이었다. 그러나 그것은 여호와의 말씀에 대한 놀라운 믿음의 행위였다.

▶ 시드기야 시대 이후의 예레미야 37~50

시드기야 치세 때, 유다에 남아있는 백성들 사이에는 국수적인 반바벨론 운동이 근근이 계속되었지만, 결국 바벨론에 의해 유다는 그 최후의 명이 단절된다.

그동안 예레미야가 말한 것은 오로지 '바벨론에 복종하라'였다. 이것은 그의 정치적 판단에서가 아니다. 그가 믿는 대로, 이것은 하나님 여호와가 배신한 유다에 대해 내린 분노의 채찍이라고 선언한다. 이 징계를 겸허하게 받아들여, 참고 견디어야 한다. 그래야 비로소 여호와의 용서와 구원이 있을 것이다. 이것이 예레미야의 예언적인 역사관이었다. 그러나 이것은 국수주의적 입장에서 보면 용서할 수 없는 매국사상이었다. 그는 계속 박해를 당한다.

예레미야는 바벨론 사람과 내통한 혐의로 체포된다(B.C.588). 시드기야 왕은 그를 옥에 감금하였다. 그리고 저주하면서 구덩이에 던진다. 그러나 시드기야 왕은 마음을 바꾸어 구덩이 속 진흙탕에 빠져드는 예레미야를 건진다. 그는 항복해야 할지 말지도 결정할 수 없는 허수아비 같은 왕이었다.

예루살렘 함락 후 예레미야는 끝까지 황폐한 유다 땅에 머물며, 총독 그다랴 밑에서 새로운 조국 재건에 몸을 바치려했다. 그러나 그다랴가 암살된 후, 바벨론의 제재를 두려워하여, 그의 권유를 돌아보지 않은 자들이 그를 바룩과 함께 납치하여 이집트로 끌고 갔다. 그들은 이집트에서도 예전과 똑같이 이방신들에게 절하고 있었다. 예레미야는 하나님의 권능을 힘입어, 이방 여러 나라, 곧 애굽, 불레셋, 모압, 암몬, 바벨론은 하나님의 다스림 앞에서 모두 망할 것이라고 예언한다.

▶ 새 언약 31:31

조국의 동요와 혼란, 술책의 소용돌이 속에서 급속히 멸망에로 전락해 가는 시대, 진실이란 있을 수 없는 그런 시대에 진실을 추구한 예레미야는 진실 대신 절망을 얻었다. 그의 내면의 마음을 전한 《고백록》이 있다. 절망 속에서 그는 하나님 앞에 처절하게 자신을 내던져, 한 인간으로서의 심정을 있는 그대로 고백한 것이다.

그의 유일한 버팀목은 마음으로 하나님과 맺어지는 일이었다. 그 길밖에 다른 길은 없었다. 그러나 '만물보다 거짓되고 심히 부패한 것은 마음이라'라고 한 그는 그때, 진실을 추구하는 그 자신의 마음속에서조차 추함을 간파한 것이 아니었을까? 사람이 마음으로 하나님과 맺어지는, '새 언약' 시대의 도래를 고한 것은 그의 궁극적인 소망이었을 것이다.

예레미야애가

여호와의 인자와 긍휼이 무궁하시므로 우리가
진멸되지 아니함이니이다
이것들이 아침마다 새로우니 주의 성실하심이
크시도소이다

예레미야애가는 예루살렘 함락과 성전 파괴를 한탄하는 노래 및 그 고통을
참고 견딘 민중의 노래를 실었다. B.C.586~597년경에 성립된 것으로 추정되며,
예레미야의 글로 알려져 있으나, 각기 다른 무명의 저자라는 설도 있다.

예레미야애가(哀歌)는 단순한 탄식의 노래에 그치지 않으며, 고난을 통해 배운 신앙의 교훈을 담았다. 예루살렘이 혼돈과 패망으로 스러져 갈 때, 회복의 '미래'는 아직 보이지 않았으나 그들은 하나님의 말씀을 거역한 자신들을 분석하고, 고민하면서 회개하며 하나님에 대한 신앙을 고백한다. 애가는 각 장마다 하나의 정리된 노래를 중심으로 하여, 5장으로 구성되었다. 독립된 다섯 개의 애가를 여기에 모은 것은 아마도 공통된 내용과 배경을 가졌으므로 '탄식의 모임'에서 불렀기 때문인 것 같다.

▶ 제1 애가 1:1~22

"슬프다 이 성이여"로 시작되는 1장은 주로 예루살렘의 황폐를 애도한다. 예루살렘을 '과부, 처녀 시온'으로 묘사한다. 위로하는 남편이나 도와주는 친구도 없이(주변 동맹국의 배신 이반을 말한다), 황량한 예루살렘을 기뻐하는 원수들을 보며 한숨짓는다. "그들의 모든 악을 주 앞에 가지고 나오게 하시고 나의 모든 죄악들로 말미암아 내게 행하신 것 같이 그들에게 행하옵소서 나의 탄식이 많고 나의 마음이 병들었나이다"라고 끝맺는다.

▶ 제2 애가 2:1~22

이 예언자는, 다시 "슬프다 주께서 어찌 그리 진노하사" 하면서, 예루살렘이 황폐한 원인이 다름 아닌 하나님의 진노라고 말한다. 하나님이 이 도성을 공격하셨고, 성전은 노략 당해 버려졌다. 아이들은 거리에서 죽어가고, 인육을 먹는 장면까지 그린다. 참담하고 외로운 침묵이 흐른다. "주께서 원수 같이 되어 이스라엘을 삼키셨다"고 탄식한다.

▶ 제3 애가 3:1~66

문학적으로도 가장 빼어난 대목이다. "여호와의 분노의 매로 고난당하는 자는 나로다. 나의 뼈를 꺾으셨고, 찢겨 피 흘리게 하시고, 활을 당겨 나를 화살의 과녁으로 삼으시어, 내 심령이 평강에서 멀리 떠나게 하시니 내가 복을 내어버렸다. 여호와에 대한 나의 소망이 끊어졌다" 함은 예레미야의 유명한 고백과 욥의 시를 떠올리게 하는 참으로 훌륭한 표현이다. 전체적으로 개인과 백성의 탄식이 교차되어 있다.

▶ 제4 애가 4:1~22

멸망한 후의 예루살렘을 보고 탄식한 노래이다. "슬프다 순금에 비할 만큼 아름다운 시온의 아들들이 질항아리 같이 여김을 받으며, 젖먹이가 목말라서 혀가 입천장에 붙었고, 윤택했던 가죽이 뼈에 붙어서 막대기 같이 말랐으며, 칼에 죽는 자들이 주려 죽는 자보다 낫다". 비통한 노래이다. 예루살렘의 죄와 하나님의 진노, 배신하고 적과 영합한 에돔에 대한 저주로 끝난다.

▶ 제5 애가 5:1~22

이것은 애가라기보다는 백성들의 기원이다. 백성들이 '우리가 당한 것을 기억해 주십시오.' 하는 호소이다. 이 시인은 그들을 자유롭게 하실 분은 여호와이심을 안다. "여호와여 우리를 주께로 돌이키소서 그리하시오면 우리가 주께로 돌아가겠사오니 우리의 날들을 다시 새롭게 하사 옛적 같게 하옵소서" 하고 호소한다. "주께서 우리를 아주 버리셨사오며 우리에게 진노하심이 참으로 크시니이다" 하면서 극도의 절망 속에서도 하나님의 용서와 회복의 깊은 소망을 토로한다.

에
스
겔

이스라엘 땅으로 들어가게 하리라
그리하면 너희는 내가 여호와인 줄을 알리라

대예언서 중 세 번째 책이며 선지자 에스겔의 작품이다. B.C.570년 경 편찬된
것으로 보인다. 포로가 된 선지자 에스겔은 멸망 속에서 절망하는 동포에게, 하
나님 앞에 서서 용서를 구하라고 한다. 그래야 조국 회복의 희망을 이룰 수 있다
고 말한다.

시대적 배경

B.C.597년 유다 왕 여호야긴을 비롯한 왕의 측근과 제사장, 선지자, 기술자들은 포로로 잡히어 바벨론으로 끌려갔다(제1회 포로). 에스겔도 이 때 함께 끌려갔는데 그의 나이 25세였다. 유다 동포들은 제2회 포로로 잡혀와 그들과 합류하게 된다.

그 후 바벨론을 쓰러뜨린 페르시아 왕 고레스가 포로의 조국 귀환 허가를 내릴 때까지(B.C.538) 바벨론의 유다 포로들의 절망적인 정황은 망향의 시(시137편) 등에서 간접적으로 알려질 뿐이다.

에스겔의 예언은 연대순이 아니라 주제별 기록으로 되어 있다.

에스겔의 활동과 그 사상

▶ 선지자로 소명 1~2

제1회 바벨론 포로의 한 사람이었던 제사장 에스겔은 포로로 끌려온 지 5년째 되던 해에 그발 강변에서 환상을 통해 선지자로 부르심을 받았다. "인자야 내가 너를 이스라엘 자손 곧 패역한 백성, 나를 배반한 자에게 보내노라". 하나님은 에스겔을 90번 넘게 인자(人子)라고 부르시며 환상을 보여주신다.

맨 처음 그는 네 생물(독수리, 사자, 사람, 황소)의 환상을 본다. 신비스러운 생물, 그 날갯짓의 굉음, 사방으로 흩어지는 무지개빛 광채, 그는 그것을 '하나님의 영광'이라고 하였다.

▶ 조국 멸망의 예언 1~24

그는 조국 유다 부흥에 일루의 희망을 걸면서도, 포로로 끌려간 동포들에게, 그런 희망을 끊어야 한다고 말한다. 즉 예루살렘의 멸망을 말하라는 하나님 여호와의 명령을 고해야 했기 때문이다. 조국의 멸망은 반역한 민족 이스라엘에 대한 여호와의 심판이라는 말이었다. 그는 하나님이 주시는 두루마리를 먹는다. 그의 메시지를 몸에 새기기 위해서이다.

에스겔은 구약성경 중 가장 괴이하고 격정적인 선지자이다. 그는 충격요법의 예언자였다.

에스겔은 예루살렘의 비극을 몸으로 보여준다. 그는 390일 동안 왼편으로만 눕는다. 이스라엘의 고통을 상징한 것이다. 또 그 후 유다의 고난 받을 햇수를 상징하는 40일은 오른쪽으로만 눕는다. "그들은 빵과 물이 부족하여 절망에 빠질 것이며 마침내 자기들의 죄악 속에서 말라 죽을 것이다"라는 말씀, 곧 기아의 참담함을 온몸으로 보여준다.

그는 머리털을 밀고 그 무게를 달아본다. 머리털 중 일부만 남게 될 것이다. 소수의 백성만이 살아남을 것이다. 이것은 백성의 죄가 어떤 재앙을 불러올지 하나님으로부터 받은 메시지라고 했다.

에스겔은 하나님의 환상 가운데 예루살렘으로 간다. 그는 성전 벽에 온통 부정한 짐승들과 모든 우상이 그려진 것을 본다. 그리고 유대인들이 성전을 등지고 떠오르는 태양 앞에서 경배하는 것을 보았다. 여호와의 영광이 성전을 떠나 날개 달린 생물들 위로 오른다. 에스겔은 바벨론으로 돌아온다.

그는 1년 넘게 한 쪽으로만 누워 지내고, 쇠똥으로 떡을 구워 먹었다. 에스겔은 집 벽에 구멍을 파고 거기로 드나든다. 낮에는 포로가 끌려가는 행장 같이 하고, 캄캄한 밤에는 행장을 내다가 어깨에 메고 나갔다. 이런 그를 많은 사람이 지켜보았으나 아무도 그 이유를 묻는 자가 없었다. 예루살렘의 지도자들은 한밤중에 도망쳐야 할 것이다. 그의 이 모든 행동에는 목적이 있었다.

에스겔은 진솔한 언어로 예루살렘을 처녀라고 말한다. 이 처녀에게 가장 좋은 것을 입히고, 가죽신을 신기고, 패물로 장식하게 하고, 좋은 음식으로 먹여 "왕후의 지위에 올라… 네 화려함이 온전함이라"라고 여호와는 말씀하셨다. 그럼에도 불구하고 그 보답을 어떻게 했는가? 예루살렘은 방자한 음녀로 묘사된다. 에스겔은 이 장에서 너무나 가증하고 외설스러운 표현까지 한다. 거짓 신들에게 자신을 내준 일, 또 다른 나라들과 동맹한 일들을 지적한다. 그는 음행한 형벌을 받아야 한다. 좋은 옷은 벗겨지고 돌로 쳐 죽임을 당할 것이라고 말한다.

그러나 하나님은 예루살렘을 사랑하신다. 예루살렘이 자기 죄와 진실을 바로 보면, 내가 그때에 예루살렘을 회복할 것이다. "내가 네 모든 행한 일을 용서한 후에 네가 기억하고 놀라고 부끄러워서 다시는 입을 열지 못하게 하려 함이니라".

17장에서는 이스라엘 족속에게 비유로 말한다. 첫 번째 독수리는 느부갓네살이며 백향목은 다윗 왕조를 이른다. 큰 독수리가 레바논의 백향목 높은 가지를 꺾고, 다시 그 연한 가지 끝을 꺾어 큰 물가에 심었더니 포도나무가 된다. 동풍이 불어온다. 이 바람은 포도나무를 완전히 쓸어버린다. 바벨론 군대를 말한다. 그러나 하나님은 백향목을 심으실 것이다. 다윗 가문에서 나오는 한 순이 가장 큰 나무가 될 것이다.

에스겔은 예루살렘을 향하여 새 예언을 한다. 다가오는 파멸을 경고하는 내용이다.

에스겔은 딱 한 번 개인적인 일을 언급한다. "내가 네 눈에 기뻐하는 것을 한 번 쳐서 빼앗으리니 너는 슬퍼하거나 울거나 눈물을 흘리거나 하지 말며". 에스겔은 세상에서 그가 가장 사랑하는 아내를 잃는다. 그는 가슴 아픈 순간에 보통 사람들처럼 애곡할 수 없었다. 선지자로서 백성들에게 하나의 표징이 되어야 했다. 그들 또한 가장 사랑하는 사람들을 잃어버릴 것이기 때문이다.

이렇게 그는 여호와 심판의 필연성을 상징 행위나 환상, 비유와 한탄의 노래, 율법과 역사 회고 등 여러 가지 형태로 고지하였다.

여호와의 심판을 불가피하게 한 것은 말할 것도 없이 민족 자신

젊은이를 위해
요약한 구약성경 이야기

의 '반역'죄 바로 그것 때문이다. 그것은 지금도 여전히 계속되는 이
교숭배이며, 원칙 없는 외교정책, 사회의 불의 부정이다. 백성을 바
르게 '보호해야 할 자'인 선지자들마저도 거짓 예언을 하고 있었다.

이처럼 민족의 죄를 규탄하고 하나님 여호와의 심판을 말할 때,
그는 단호하였다. 그의 조국 멸망 예언은 같은 시대, 유다 본국에서
박해받으며 고지한 예레미야의 말과 공통된 점이 많다.

▶ 열방들에 대한 심판 25~32
이웃 열방에 대한 여호와의 심판 메시지이다. 유다에서 가장 가
까운 나라(암몬·모압·에돔 등)부터 시작하여 가장 먼 나라(에굽)에 이
르는 심판이다.

▶ 조국 부흥의 예언 33~39
에스겔은 조국 멸망을 고지하였으나 예레미야와 마찬가지로 그
것을 원한 것은 아니었다. 현실적으로 조국이 괴멸되고, 제2회 포
로를 눈앞에 보면서도 그는 이스라엘의 회복을 말하였다. 골짜기
가운데 버려진 마른 뼈는 여호와의 영으로 말미암아 소생하고, 흩
어진 양의 무리를 찾아내어 새로운 목자 밑에서 살진 꼴을 먹게 하
리라고 말하였다. 물론 그는 이스라엘의 정치적 부흥을 꿈꾼 것은
아니었다. 따라서 그에게는 이스라엘 회복의 조건이란, 무엇보다 먼
저 백성이 스스로의 죄를 정결케 하고 의와 공정한 길로 되돌아서
는 것이었다.

그러나 그는 이스라엘 민족이 스스로를 정화하는 능력을 믿을 만큼, 인간 내면을 낙관하지는 않은 것 같다. 죄로부터 완전한 깨끗함을 입는 것은 하나님 여호와로부터 '새로운 마음과 새 영'을 받아야 비로소 가능하다고 생각하였다. 이 '새로운 마음과 새로운 영' 사상은 그의 인간론과 깊은 연관을 가진다.

그는 선지자 가운데 강렬한 환시체험을 한 사람 중 하나였는데 피동적인 신비주의자는 아니었다. '새로운 마음과 새로운 영'이 하나님께로부터 주어진다고 말할 때도, 그는 하나님 앞에 책임 있는 개체로 설 인간성 확립을 염두에 두고 있었다. 에스겔은 포로된 동포를 향해 포로라는 수난을 선조의 죄로 돌리는 숙명론적 사고에 단호하게 반대하면서 개인의 죄는 어디까지나 개인이 지지 않으면 안 된다고 주장한다.

숙명이라 생각하고 절망으로 빠져 드는 동포들을 보고, 그는 하나님 앞에 책임 있는 주체로 서는 일이 급선무임을 절실하게 느낀 것이다. 그는 모든 것을 내려놓고 하나님 앞에 설 때, 하나님께서 주시는 책임 있는 주체성, 거기서 이스라엘 회복의 기반을 보았을 것이다. 그래서 먼저 선지자로서 그 자신에게 그러한 주체성 확립의 과제를 부과한 것이었다.

'새로운 마음과 새로운 영'이 이렇게 여호와로부터 주어진다고 한다면 이스라엘의 회복도 백성의 노력에서가 아니라, 여호와께서 주시는 것이 아니면 안 된다. 그는 그것을 확신하였다. 이스라엘 민족은 죄로 말미암아 스스로를 더럽혔고, 그것으로 해서 이스라엘의 하나님 여호와의 이름을 더럽혔지만, 여호와 하나님은 그 이름을 새롭게 태어나는 이스라엘을 통해 반드시 거룩하게 하실 것이다. 이스라엘 회복에 대한 에스겔의 확신은 궁극적으로는 이런 여호와 신앙에 기초를 둔 것이다. 25~32장에서 정리한 일곱 개의 이방 민족에 대한 심판의 예언도 이러한 에스겔의 역사관을 반영한다.

▶ 회복된 거룩한 땅 40~48

에스겔은 또 '하나님 여호와의 거룩한 이름을 위하여' 회복되는 이스라엘 공동체에 대해 구체적인 환상을 본다. 그것은 하나님 여호와의 거룩한 영광의 보좌가 되어야 할 성전을 중심으로 하여, 12부족이 예전의 '기업의 땅'을 신중하고 공평하게 나누는 일, 그것이 하나님의 선민이 가질 확실한 이상이었다. 그의 사상의 핵심은 바로 그것이다. 그가 그린 이상적인 성전, 성전 중앙에서 강이 흘러나와 모든 땅에 새 생명을 준다. 강독에 열리는 열매가 회복과 치유를 가져온다. 강은 영원하다. 마르지 않는다. 그것이 그의 염원이었다.

다
니
엘

> 내가 또 밤 환상 중에 보니 인자 같은 이가
> 하늘 구름을 타고와서 옛적부터 항상 계신 이에게
> 나아가 그 앞으로 인도되매

다니엘서는 구약성경 중 최후에 성립된 문서로 B.C.6세기에 다니엘이 직접 기록했다는 것이 정설이다. 그러나 훨씬 후대의 사람이 B.C.165년에 탄생시켰다는 설이 유력하다. 바벨론에 억류되어 여러 왕들을 섬겼던 다니엘의 활동과 묵시적인 예언들이 기록된 책이다.

▶ 바벨론에서의 소년들 1~6

다니엘과 세 친구 하나냐, 미사엘, 아사랴는 포로가 된 땅 바벨론에서 느부갓네살 왕(B.C. 605~562)의 선택으로, 왕궁에서 교육을 받으며 그를 섬기게 되었다. 다니엘의 이름은 벨드사살이라 개명되었는데, 이 총명한 소년들은 왕의 진미와 포도주를 거부하고 '정한 음식'만을 먹으며 그들 문화에 오염되지 않았다.

느부갓네살이 악몽에 시달렸다. 그의 악몽을 해석하기 위해 온 나라 박수와 술객들을 불렀으나 이를 밝힌 자는 아무도 없었다. 왕은 그들에게 꿈 내용을 말하지 않으면서, 꿈이 무엇인지 정도는 맞추어야 하지 않느냐며 노발하여 당장 이 지혜자들을 죽이라고 명령하였다. 다니엘과 그 친구들도 죽임을 당하게 되었다. 하나님은 이 은밀한 일에 대하여 밤에 환상으로 다니엘에게 나타나셨다. 젊은 다니엘은 정확히 왕이 꿈에서 본 큰 신상에 대한 해석을 하여, 4대 제국(바벨론, 메대, 페르시아, 그리스)의 흥망을 예고하였다.

다니엘과 동료는 왕이 건립한 금으로 만든 신상을 숭배하지 않았으므로, 맹렬하게 타는 풀무불에 던져졌는데, 그들은 기적적으로 불 속에서 나온다. 왕은 그들의 구원의 하나님을 찬미한다.

다니엘은 왕의 두 번째 꿈을 풀어 왕의 운명을 미리 알려준다. 이 베임을 당하는 '큰 나무 꿈'을 꾼 지 열두 달 만에 과연 다니엘의 예고대로 황제는 몰락에 처한다. 그는 "사람에게 쫓겨나서 소처럼 풀을 먹으며 몸이 하늘 이슬에 젖고 머리털이 독수리 털과 같이 자랐고 손톱은 새 발톱과 같이 되었다". 마침내 왕은 절박한 마음으로 하나님께 기도하며, 교만하게 행하는 자를 그가 능히 낮추심이라 찬양한다.

시대가 바뀌어 바벨론의 통치자 벨사살 왕이 그의 귀족 천명을 위해 큰 잔치를 베풀었다. 그는 예루살렘 성전에서 탈취해 온 금, 은그릇으로 모인 사람들과 더불어 술을 마신다. 이때 왕은 사람의 손가락이 나타나 벽에 불길한 글자를 쓰는 것을 보았다. 다니엘이 부름을 받아 해석한 대로, 그 글씨는 왕국의 멸망을 뜻하는 것이었다. 그날 밤 왕은 살해된다.

메대 사람, 다리오(B.C.522~486) 치세 때, 다니엘은 총리로 임명되었다. 그의 뛰어난 자질을 시샘하는 고관들의 모함으로, 예루살렘을 향해 기도한 다니엘을 왕의 금령을 어겼다는 죄목으로 사자 굴 속에 던졌다. 다니엘을 총애하던 왕은 새벽에 굴에 찾아와 무사한 그를 보고 기뻐하였다. 왕은 하나님을 찬미하며 온 땅에 조서를 내려, 그의 하나님을 경외하라고 한다.

▶ 다니엘의 환상 7

다니엘이 본 환상은 바다 속에서 출현한 네 마리의 커다란 짐승이었다. 특히 네 번째 짐승은 10개의 뿔을 가지고 있는 무섭고 강한 놀라운 짐승이었다. 이들은 4대 제국(바벨론, 메대, 페르시아, 그

젊은이를 위해
요약한 구약성경 이야기

리스)을 뜻하며 그 중 제4의 제국(로마)은 가장 사악하여 3년 6개월 동안 신앙 박해를 자행한다.

그러나 이보다 더 중요한 것은 '하늘의 세계 심판', '영원한 주권자이신 인자의 도래'라는 독특한 그의 사상이다. 인자는 장차 오실 메시아 예수 그리스도를 가리킨다. 이 전체상은 다니엘 이전의 문서에서는 볼 수 없다.

▶ 묵시문학적 환상 8~12

다니엘은 여기서 3개의 환상 체험을 설명한다. 두 뿔을 가진 힘센 숫양(메대 왕과 페르시아 왕)을 숫염소(알렉산더 대왕)가 순식간에 정복한다. 숫염소의 뿔이 부러져 작은 뿔(안티오쿠스 4세 에피파네스)이 나타나 성소를 유린하고 박해를 시작한다. 포로 억류 기간이 2,300일이라는 구체적인 언급이 이어진다.

다음에는 다니엘의 뜨거운 기도와 박해에 대한 예고를 실었고, 끝으로 페르시아 지배의 시작부터 종말까지의 역사 계시가 된다. 이 내용은 페르시아제국과 세레우코스 영역 국가의 역사, 세레우코스와 프톨레마이오스 양 영역 국가의 전쟁과 외교사에 대한 짧은 요약이다.

이 환상 중에서 특히 의식하고 예고한 것은 안티오쿠스 4세의 신앙 박해이다. '매일 드리는 제사와 망하게 하는 죄악에 대한 일, 성소와 백성이 내준 바 되며', '황폐하게 하는 자', '군대는 그의 편에

서서', '매일 드리는 제사를 폐하며' 등은 안티오쿠스 4세에 대한 은유적인 표현이다. 다니엘서는 웅장하며, 세계사에 대한 폭넓은 시야를 펼쳐 준다.

다니엘서는 부활의 환상으로 끝난다. 다니엘은 하나님의 뜻대로 행하기를 추구하는 사람들에게 구원을 통한 하나님 나라의 궁극적인 통치를 확신시킨다. 요한계시록에 나오는 수많은 묵시적 이상들이 다니엘의 환상과 너무나 유사하기 때문이다. "땅의 티끌 가운데서 자는 자 중에서 많은 사람이 깨어나 영생을 받는 자도 있겠고… 지혜 있는 자는 궁창의 빛과 같이 빛날 것이요 많은 사람들을 옳은 데로 돌아오게 한 자는 별과 같이 영원토록 빛나리라" 하며 종말의 부활의 환상을 말한다.

젊은이를 위해
요약한 구약성경 이야기

호
세
아

나는 인애를 원하고 제사를 원하지 아니하며
번제보다 하나님을 아는 것을 원하노라

---

12 소선지서 중 가장 초기의 것으로 저자는 호세아이다. 그러나 B.C.722년 앗
시리아 몰락을 피해 도망한 유다에서 호세아 또는 그 추종자들이 작성한 것이라
는 설도 있다.

12 소예언서는 조국의 번영, 붕괴, 재건 및 갖가지 역사적인 상황 속에서 하나님 여호와의 심판과 구원을 여러 모양으로 이야기하면서, 여호와 신앙을 전하는 예언자들의 기록이다. 호세아서는 한 남자가 부정한 아내를 사랑하는 극적인 이야기이다. 이 이야기를 통해 부정한 백성들에게로 향하는 하나님의 사랑을 보여준다.

▶ 호세아의 소명과 그 가족 1:2~3:5

여로보암 2세의 사후, 대국의 틈새에 낀 소국 이스라엘은 정쟁과 혼란의 내리막길을 달리다가 앗시리아에 의해 멸망당한다. 이 정치적 혼란기(B.C.750~715), 곧 앗시리아에 복속되기 전까지 이스라엘이 험난한 마지막 시기를 보낼 때, 백성들은 이스라엘의 하나님 여호와를 잃어버리고, 가나안의 바알 숭배로 치닫고 있었다.

예언자 호세아가 등장한 것은 이 시기이다. "여호와께서 그에게 이르시되 너는 가서 음란한 여자를 맞이하여 음란한 자식들을 낳으라 이 나라가 여호와를 떠나 크게 음란함이니라"라는 고지를 받고 그 자신이 이 말씀대로 음녀 고멜과 결혼하여 살았다. 에스겔과 이사야 선지자가 자신들의 예언을 몸으로 보여준 것처럼, 호세아는 그의 인생 자체를 예언자적인 극적 행동을 보이며 살았다.

호세아의 결혼은 하나님과 백성들의 관계를 거울처럼 비춰준 행위였다. 이스라엘은 돈을 들고 찾아다니며 누구하고든 자려고 하는 창녀와 같다. 호세아는 부정한 아내를 맞는다. 그리고 그 자녀들은 바로 하나님이 주시는 예언적인 메시지였다. 그들을 통해 "이스라엘 족속의 나라를 폐할 것임이니라", "내가 다시는 이스라엘 족속을 긍휼히 여겨서 용서하지 않을 것임이니라", "너희는 내 백성이 아니요 나는 너희의 하나님이 되지 않을 것임이니라"를 보이신다.

하나님은 이스라엘을, 아내의 마음을 되돌려 다시 살기를 원하는 배신당한 남편으로 그린다. 아내의 마음을 의와 자비와 사랑의 삶으로 이끌려고 하신다. 호세아는 그 아내를 음녀된 데서 값을 주고 구속하라는 말씀을 듣게 된다. "긍휼히 여김을 받지 못하였던 자를 긍휼히 여기며". 호세아서는 하나님의 망설임을 곳곳에서 볼 수 있는 책이다.

▶ 이스라엘의 범죄 4:1~8:14

선지자 호세아는 바알 숭배에 대하여, 이는 여호와에 대한 백성이 피해야 할 '간음'이라고 준엄하게 계속 경고한다. 또 정치적 음모를 공격한다. 비상수단으로 권력을 쟁취하고, 대국에 의존하며 추종하는 일은 하나님 여호와에 대한 배신행위가 아닌가?라고 규탄한다.

호세아가 전하는 메시지의 핵심은 6장 6절에 있다. "나는 인애를 원하고 제사를 원하지 아니하며 번제보다 하나님을 아는 것을 원하노라"이다. 백성들의 불성실한 회개, 자신들의 판단을 믿고 하나님을 저버린 그들이, 하나님의 뜻에 합당한 삶을 살기 원한 것이다.

▶ 이스라엘의 형벌 9:1~14:1

포도 수확을 기념하는 축제에서 호세아는 이스라엘은 벌 받아야 한다고 외친다. 형벌의 날이 다가오고 있다. 그들에게 어떤 일이 기다리고 있는지 호세아는 알고 있었다. 사람들은 그를 보고 어리석다고, 또 미쳤다고 할 것이다. 그러나 호세아는 백성들은 쓸모없는 포도나무와 같다, 그들은 악을 심었고, 죄를 거둔다, 그들에게 다가올 것은 재앙뿐이라고 말한다. 호세아는 앗시리아 군대가 이 백성에게 자행할 일들을 생생하게 보여준다.

진실과 사랑과 여호와의 신앙을 잃은 이스라엘은 이미 여호와의 백성이 아니다. 유다와 이스라엘에 멸망이 닥칠 것이다. 그럼에도 불구하고 호세아는 말한다. 부와 권력을 따르기를 그치고, 벌거숭이였어도 거짓이 없던 '광야시대'로 돌아가자, 그때에야 여호와는 백성을 용서하시고 정의와 진실과 평화로 뒷받침된 참 풍요를 주실 것이라고 힘주어 말한다.

▶ 이스라엘을 향한 호소 14:2~9

책 말미에서 호세아는 이스라엘을 향해 호소한다. 불의함 때문에 엎드러졌던 백성들에게 여호와 하나님께로 돌아오라고 호소한다. 앗수르의 구원을 의지하지 않고, 우상을 섬기지 않겠다는 회개를 요청한다. 그러면 주로 말미암아 긍휼을 얻을 것이다. 용서가 있을 것이다.

호세아는 아름다운 문장으로 "하나님이 그들의 반역을 고치고 기쁘게 그들을 사랑하리니, 나의 진노가 그에게서 떠났다"고 기록한다. "내가 이스라엘에게 이슬과 같으리니 그가 백합화 같이 피겠고 레바논 백향목 같이 뿌리가 박힐 것이라". 하나님과 그분의 백성이 다시 한 번 함께 걸을 미래를 약속한다. 그는 40년 동안 예언했다.

요엘

그는 은혜로우시며 자비로우시며
노하기를 더디 하시며 인애가 크시사 뜻을 돌이켜
재앙을 내리지 아니하시나니

소선지서 중 두 번째 책으로 저자는 요엘이다. 저작 연대에 대하여는 B.C.9세기 후반, B.C.8세기, B.C.5세기로 여러 설이 있으나 B.C.400년 설이 타당한 것 같다. 요엘서는 유다 백성에게 자연 재해의 원인을 말한다.

요엘은 브두엘의 아들이며, 성전이 있는 예루살렘 근처에 살면서 성전에 관한 메시지를 전한 선지자 중 하나이다. 요엘서는 유다 백성에게 자연 재해의 원인을 말한다. 너무 늦기 전에 회개해야 한다고 경고한다.

▶ 메뚜기의 재앙 1:1~2:11

유다는 엄청난 메뚜기 떼의 기습으로 쑥대밭이 된다. '메뚜기 떼는 강하고 수가 많으며 그 이빨은 사자의 이빨 같고' 그 수가 급격히 늘어나 모든 것을 먹어치운다. 그들이 나타나면 에덴동산 같던 땅도 황폐한 들로 변한다. 성벽에 달라붙은 메뚜기 떼들은 도둑 같이 창으로 들어간다. 땅이 진동하며 하늘이 떨고 해와 달이 캄캄하며 별들이 빛을 거둔다. 요엘서는 이 메뚜기의 재앙을 표상의 중심에 두고 장차 올 '여호와의 날'의 심판을 그린다. 이것은 실제 메뚜기 떼의 출현, 이방인들의 침략에 대한 풍유적인 표현, 하나님의 징계에 대한 묵시적인 설명 등 다양하게 해석된다.

요엘은 애곡하고 금식하며 기도하는 것이 이 재앙을 완화시킬 수 있는 유일한 길이라고 말한다.

▶ 회개의 촉구 2:12~27

요엘은 여호와께서 '너희는 이제라도 금식하고 울며 애통하고 마음을 다하여 내게로 돌아오라'고 하셨으니, "너희는 옷을 찢지 말고 마음을 찢어 너의 하나님께로 돌아오라"고 진정한 회개를 촉구한다. 그리고 온 이스라엘에게 여호와께로 돌아오라는 탄원과 회개에 합당한 제사의식을 준비하라는 메시지가 기록된다. 이런 변화가 있어야, 하나님께서는 재앙과 기근으로부터 구원해 주시며, 이 땅이 풍성한 소출을 기뻐하고 즐거워할 것이다. "내가 이스라엘 가운데에 있어 너희의 하나님 여호와가 되리"라고 그분은 약속하신다고 호소한다.

▶ 민족의 구원과 축복 2:28~3:21

요엘은 하나님께로 돌아오면 "너희는 먹되 풍족히 먹고 너희에게 놀라운 일을 행하신 너희 하나님 여호와의 이름을 찬송할 것이다". "그 후에 내가 영을 만민에게 부어 주리니 너희 자녀들이 장래 일을 말할 것이며 너희 늙은이는 꿈을 꾸며 너희 젊은이는 이상을 볼 것"이라고 예고한다. 하나님을 예배하는 모든 사람들이 구원을 얻고 축복받을 것이라고 예견한다.

그는 '여호와의 날'에는 저주를 받은 열방의 파멸과 축복받은 시온의 번영을 대조시키면서 끝을 맺는다.

젊은이를 위해
요약한 구약성경 이야기

아
모
스

네 노랫소리를 내 앞에서 그칠지어다 네 비파 소리도
내가 듣지 아니하리라 오직 정의를 물 같이,
공의를 마르지 않는 강 같이 흐르게 할지어다

소선지자서 중 세 번째 책으로, 저자는 B.C.8세기경의 성경 기자 아모스이다.
연대적으로는 구약성경 예언서 중 가장 먼저 기록되었다. 가난한 자를 위한 소박
한 연설로 알려졌다.

아모스는 베들레헴에서 조금 떨어진 드고아 고원에서 목축을 하며 뽕나무를 재배하던 사람이었다. 그는 상당히 부유한 생활을 했던 것 같다. 하나님께서 그를 부르셨을 때, 그는 자신의 삶을 모두 포기하고 순종하였다. 그는 하나님을 경외하는 마음, 진리에 대한 열정적인 헌신, 하나님이 백성을 위해 행하시는 중요성을 이해할 수 있는 사람이었다. 하나님을 뵙고 그의 말씀을 전해야 한다는 소명을 받았을 때, 그는 이렇게 말하였다. "사자가 부르짖은즉 누가 두려워하지 아니하겠느냐 주 여호와께서 말씀하신즉 누가 예언하지 아니하겠느냐(3:8)". 그는 유다왕국 사람이었는데 고향을 떠나 벧엘로 간다.

열방에 대한 심판

▶ 아모스의 소명 1:1~2:16

유다 왕 웃시야 시대 곧 이스라엘 왕 여로보암 2세(B.C.787~747) 때, 북 이스라엘은 수도 사마리아를 중심으로 융성기를 맞고 있었다. 그러나 그 부유함은 상층 계급으로 집중했을 뿐, 이런 번영과 사치의 그늘에서 '기업의 땅'을 잃은 가난한 민중은 억압과 횡포에 허덕이고 있었다. 아모스는 이런 사회의 부정과 불의를 좌시할 수 없었다. 그는 여호와 하나님의 의와 공정 위에 굳게 서서 그들을 탄핵하고, 이스라엘에 대한 여호와의 심판을 고지한 것이다.

아모스는 먼저 이스라엘 주변 국가들을 꼽으면서 그들을 기다리고 있는 형벌에 대해 알린다. 그들이 범한 죄, 곧 아이 밴 여인의 배를 갈랐고, 사람들의 머리에 말뚝을 박은 것을 위시하여 잔혹한 모든 것을 규탄했다.

가장 먼 나라 시리아, 불레셋, 페니키아 순으로 닥쳐올 그들의 운명을 예고한다. 심판 예언은 에돔, 암몬, 모압 등 점점 가까운 나라들로 좁혀진다. 이것은 이스라엘 범죄에 대한 심판의 서곡이다.

이스라엘의 멸망

▶ 분노의 대변자 아모스 3:1~6:14

여기서 아모스는 이스라엘과 사마리아의 불의와 부패에 초점을 맞춘다. "이 땅 사면에 대적이 있어 네 힘을 쇠하게 하며 네 궁궐을 약탈하리라" 하셨으니, "목자가 사자 입에서 양의 두 다리나 귀 조각을 건져냈을 때"에야 비로소 사자가 먹어버렸음을 알게 되는 것과 같다고 신랄하게 공격한다. 그는 사치하여 피둥피둥 살만 찐 사마리아 여인들을 '암소들'이라고 비난하였다. 상아로 조각한 여름별장과 겨울 궁전에서 호사스럽게 지내는 사람들이 가난한 자를 밟고 서서, 대접으로 포도주를 마시고 귀한 기름을 몸에 바르면서 요셉의 환난에 대하여는 근심하지 아니한다고 규탄한다.

아모스는 "이스라엘 족속아 내가 한 나라를 일으켜 너희를 치리니… 너희를 학대하겠다'며, 만군의 여호와께서 진노하신다고 호소하였다.

▶ 하나님이 거부하시는 제사 5:10~18

그는 또 여러 성소 순례나 제사의식 중심의 예배에 대해 날카롭게 비판한다. 하나님 여호와가 백성에게 원하는 것은 제사의식이 아니라 정의가 아닌가라고 말한다. 더 이상 시끄러운 노래를 부르지 말아라. 수금을 켜도 듣지 않겠다고 여호와는 말씀하신다. 위선과 이방 풍습을 따르는 것, 세금 포탈을 비난하였다. 그는 이스라엘 지도자들에게 가난한 자들이 필요로 하는 것에 눈을 돌리고, 정의에 바로 선 행동을 하라고 강조한다. '여호와의 날'은 구원의 날에서 심판의 날로 바뀌었다. 바위 위를 질주하거나 바다에 쟁기질을 하는 어리석은 선택은 이제 끝난 것이다.

다섯 가지 환상

▶ 메뚜기와 불꽃 재앙 7:1~9

아모스는 이스라엘에게 덮칠 재앙들을 백성들에게 예고한다. 그는 다섯 가지 환상으로 자신의 예언을 보완한다. 메뚜기 떼가 곡물을 먹어치울 것이다. 아모스는 백성들을 위해 하나님께 호소하였고, 하나님은 마음을 돌이키신다. 다음에는 불을 내려 징벌하게 하신다. 불이 큰 바다를 삼키고 육지까지 먹으려 하였다. 아모스는 다시 호소하였고 하나님께서는 마음을 돌이키시어 이를 이루지 아니하셨다. 세 번째로 아모스는 하나님이 담 곁에 다림줄을 잡고 서신 것을 보았다. "내가 다림줄을 내 백성 이스라엘 가운데 두고 다시는 용서하지 아니하리니 이삭의 신당들이 황폐되며 이스라엘의 성소들이 파괴될 것이라". 이 환상은 아마도 이스라엘 백성들이 금송아지 앞에서 절기를 즐길 때 임하신 것 같다. 환상은 그대로 이루어졌으며, 결국 이스라엘은 앗수르에게 멸망당한다.

▶ 제사장 아마샤와의 대결 7:10~17

이때 아모스의 예언을 들은 위정자들이 아모스가 왕을 모반한다고 말하였다. 벧엘의 제사장 아마샤는 아모스에게 다시는 벧엘에서 예언하지 말고 네 집으로 떠나라고 하였다. 아모스는 그에게 예언하였다. '네 아내는 성읍 가운데서 창녀가 될 것이요 네 자녀들은 칼에 엎드러지며 네 땅은 측량하여 나누어질 것이며 너는 더러운 땅에서 죽을 것이라'라고.

▶ 여름 과일 한 광주리 8:1~13

아모스에게는 다시 두 가지 환상이 임한다. 첫째가 여름 과일 바구니다. 여호와께서 아모스에게 "이스라엘 백성의 끝이 이르렀은즉 다시는 그를 용서하지 아니하리니"라고 말씀하신다. '가난한 자를 삼키며 힘없는 자를 망하게 하려는 자들'의 행위를 절대로 잊지 아니하리라고 하신다. 그러나 그가 내리시는 기근과 가뭄보다 더 견디기 어려운 것은 여호와의 말씀을 듣지 못하게 되는 기갈이다. 백성들이 '동쪽에서 북쪽까지 비틀거리며, 이 바다에서 저 바다까지 여호와의 말씀을 구하려고 돌아다녀'도 얻지 못할 것이라고 말한다.

마지막 환상은 벧엘 성전에 계신 여호와에 관한 환상이다. 백성들이 축복과 용서를 기원하는 바로 그 성전에서 그들을 한 사람도 피하지 못하게 치시리라는 것이다. 스올로 내려가도 하늘로 올라가도 붙잡아 낼 것이라고 하신다.

▶ 이스라엘의 미래 9:11~15

그러나 실제로 하나님의 심판은 공의의 이행이므로 멸망이 아니라 정화이다. 아모스는 이 책 말미에서 이스라엘의 미래는 반드시 회복되리라는 것을 예언한다. "그날에 내가 다윗의 무너진 장막을 일으키고 그것들의 틈을 막으며 그 허물어진 것을 일으켜서 옛적과 같이 세우고… 내 이름으로 일컫는 만국을 기업으로 얻게 하리라"라는 메시지를 전한다.

과일과 곡식의 풍요뿐 아니라 하나님의 풍성한 영이 임하실 것이다. 아모스는 놀랍게도 남녀노소, 종이든 자유인이든, 천민이든 귀족이든 진실하게 하나님을 예배하는 모든 사람이 구원을 받을 것이라고 예언하였다. 민족의 파멸을 가장 깊이 우려한 아모스는 "내가 내 백성 이스라엘이 사로잡힌 것을 돌이키리니 그들이 황폐한 성읍을 건축하여 거주하며 포도원을 가꾸고 그 포도주를 마시며'라고 하신 여호와의 축복에 대해 열정을 다해 예언했던 것이다.

젊은이를 위해
요약한 구약성경 이야기

여호와께서 만국을 벌할 날이 가까웠나니
네가 행한 대로 너도 받을 것인즉 네가 행한 것이
네 머리로 돌아갈 것이라

소선지서 가운데 네 번째 책으로, 저자는 오바댜이며 저작 연대는 미상이다. 유다 왕국 멸망(B.C.587년) 후, 유다 땅을 약탈한 에돔 사람에 대한 심판을 예언한 책이다. 한 장밖에 없는, 구약성경 중 가장 짧은 책이며, '하나님을 예배하는 자'란 뜻을 가진 오바댜의 묵시이다. B.C.848~841년경의 말씀으로 추정된다. 단 1장으로 되어 있다.

▶ 에돔의 교만 1:1~10

에돔은 사해 남쪽에 있는 나라이다. 산악국가이므로 주변의 모든 공격을 견딜 수 있어 자부심이 강하고 교만했다. 여기서 에돔이란 상징적인 이름이다. 그런 뜻에서 에돔은 하나님의 선택함을 입지 않은 에서로 표현된다. 그 악함 때문에 스스로 쫓겨난 자들을 상징할 수 있다. 에돔은 유다가 고초를 겪을 때 서서 지켜만 보던 나라, 악이 저질러지는데도 수수방관하는 사람들, 그 죄악과 무정함 때문에 하나님께 버림받는 자들일 수도 있다. 2~4절에서는 에돔의 교만, 5~7절에서는 그 동맹국의 포기, 9~10절에서는 에돔의 철저한 멸망을 선포하는 경고로 시작된다.

▶ 에돔의 죄 10~14

에돔 사람들의 조상은 야곱의 형 에서이다. 에돔은 '형제 유다가 포위되었을 때 멀리 서서 지켜만 보았고, 예루살렘의 불행을 기뻐했으며, 심지어 함락된 예루살렘을 약탈하는 자들도 끼어 있었고, 바벨론 사람을 충동하기도 하였다는 것이다. 악이 저질러지는데도 팔짱 끼고 보고 있기만 하는 사람들, 그 죄악과 무정함 때문에 하나님께 버림받을 나라라는 것이다.

▶ 이스라엘의 승리 15~21

여호와께서 만국을 벌하실 날이 가까이 왔다고 말한다. '주의 날'에 심판이 에돔과 '만국'에 임할 것이며, 유다의 남은 자가 구원을 받게 될 것이며, 여호와의 나라가 세워질 것이다. 포로로 잡혀간 자들이 돌아와 다시 땅을 차지할 것이다. 에돔 사람들이 하나님의 거룩한 산에서 술에 취해 더럽혀 놓은 땅은 이제 제 주인에게로 돌아갈 것이다. 만국을 벌하실 날 이스라엘은 승리할 것이다. "구원 받은 자들이 시온 산에 올라와서 에서의 산을 심판하리니 나라가 여호와께 속하리라". 오바댜의 연설은 히브리 선지자들 가운데 선포된 선언과 비슷한 점이 많다.

요나

주께서는 은혜로우시며 자비로우시며
노하기를 더디하시며 인애가 크시사 뜻을 돌이켜
재앙을 내리지 아니하시는 하나님이신 줄을
내가 알았나이다

- -

소선지서의 다섯 번째 책이다. B.C.760년경 요나가 저술한 것으로 본다. B.C.4
세기경에 성립되었다는 설도 있다. 요나서는 다른 선지자들의 예언과 달리, 정확
히 말해 예언서라기보다는, 이방 나라 니느웨로 회개를 촉구하러 간 예언자 요나
를 주인공으로 한 이야기이다.

▶ 도망치는 요나 1:1~17

북이스라엘 왕 여로보암 2세 때, 아밋대의 아들 예언자 요나에게 하나님의 말씀이 임하셨다. '너는 일어나 저 큰 성읍 니느웨로 가서 외치라'. 그러나 요나는 여호와의 얼굴을 피하여 반대 방향인 다시스로 도망치려고 배를 탔다(B.C.800~750년경으로 본다). 잔인하고 막강한 세력으로 제국을 공격하는 앗시리아의 수도로 가서 회개하라고 외치라는 명령이었기 때문이다. 하지만 하나님은 피할 수 있는 분이 아니시다.

하나님은 요나가 탄 배를 큰 폭풍 속으로 몰아넣으셨다. 함께 탄 사람들은 각기 자신들이 섬기는 신들에게 간구한다. 그들이 이 재앙이 누구 때문인가 제비를 뽑으니 요나가 뽑히었다. 요나는 나를 들어 바다에 던지라고 말한다. 그래도 이방인 선장은 배를 육지에 대려고 안간힘을 썼다. 결국 요나는 바다에 던져지고 바다는 잠잠해졌다. 요나는 여호와께서 준비하신 큰 물고기가 삼킨다.

▶ 요나의 기도 2:1~10

큰 물고기 뱃속에서 3일 밤낮을 지내는 동안 요나는 여호와께 기도하였다. "물이 나를 영혼까지 둘렀사오며 깊음이 나를 에워싸고 바다풀이 내 머리를 감쌌나이다", "내가 스올의 뱃속에서 부르짖었더니 여호와께서 내 음성을 들으셨나이다" 하며 회개와 구원과 감사의 기도를 드렸다. 여호와께서는 물고기로 하여금 요나를 해변에 토해내게 하셨다.

▶ 니느웨의 요나 3:1~4:11

육지에 당도한 요나에게 여호와께서 두 번째 임하셨다. 티그리스 강 상류에 있는 이 거대한 성읍은 사냥꾼 니므롯이 세웠으며(창 10:8~11), 성읍을 다 둘러보려면 사흘 이상이 걸려야 하고, 두터운 성벽 위에서 말 세 마리가 끄는 마차가 달릴 수 있는 요새였다. 그들은 사냥을 좋아했으며, 짐승뿐 아니라 주변의 독립된 나라들, 유목민 집단 등, 가리지 않고 사냥하는 막강한 힘을 가지고 있었다.

요나가 여호와의 말씀대로 니느웨 성읍으로 들어가 하루 동안 다니며, '사십일이 지나면 니느웨가 무너지리라'고 외쳤다. 그런데 이 앗시리아 사람들이 즉시 요나의 외침을 받아들인 것이다. 왕은 금식을 선포하였고, 참회하라고 부르짖으며 기도하라고 명한다. "하나님이 뜻을 돌이키시고 그 진노를 그치사 우리가 멸망하지 않게 하시리라". 이것은 참으로 충격적인 변화였다.

하나님은 뜻을 돌이키사 그들에게 내리리라고 말씀하신 재앙을 내리지 아니하셨다.

요나는 하나님이 이방인들을 벌하지 않으시는 것을 보고 그가 헛수고를 했다며 성을 냈다. "여호와여 내가 고국에 있을 때에 이러하겠다고 말씀하지 아니하였나이까 그러므로 내가 빨리 다시스로 도망하였사오니 주께서는 은혜로우시며 자비로우시며 노하기를 더디 하시며 인애가 크시사 뜻을 돌이켜 재앙을 내리지 아니하시는 하나님이신 줄을 내가 알았음이니이다".

젊은이를 위해
요약한 구약성경 이야기

요나는 니느웨 성 밖에 초막을 짓고 앉아 있었다. 하나님은 요나를 위해 박 넝쿨을 예비해 햇빛을 가리게 하시니 요나가 기뻐했다. 그런데 하나님은 벌레를 예비하사 박 넝쿨을 갉아먹게 하셨다. 해가 뜨자 뜨거운 동풍과 햇빛 때문에 혼미해진 요나는 사는 것보다 죽는 것이 낫다고 성내며 말한다.

"네가 하룻밤에 났다가 하룻밤에 말라 버린 이 박 넝쿨을 아꼈거든 하물며 이 큰 성읍 니느웨에는 좌우를 분별치 못하는 자가 12만여 명이나 있으니 내가 어찌 아끼지 아니하겠느냐"

요나서는 여호와 신앙의 민족적 편협함을 풍자적인 필치로 비판한다. 만백성을 위한 하나님의 사랑이 얼마나 깊은지를 요나에게 설명해 주는 말씀으로 끝을 맺는다.

미
가

사람아 주께서 선한 것이 무엇임을 네게 보이셨나니
여호와께서 네게 구하시는 것은 오직 정의를 행하며
인자를 사랑하며 겸손하게 네 하나님과 함께
행하는 것이 아니냐

- -

소선지서 가운데 여섯 번째 책으로, 선지자 미가가 저자이다. B.C.700년경에
편집, 기록한 예언서이다.

미가는 요담, 아하스, 히스기야 세 왕이 다스리던 때 활동했으며, 이사야, 아모스와 같은 시대의 인물이다. 유다 남부에 있는 작은 성읍 모레셋 출신인 미가는 그에게 임한 하나님의 묵시를 받들어 예언 활동을 한다. 그는 예루살렘 지도층의 불의와 부정, '기업의 땅'을 에워싼 부유층의 횡포, 그리고 종교 지도자들의 불성실을 격렬히 탄핵하며 예루살렘의 멸망을 예언하였다.

▶ 심판의 경고 1:1~3:12

하나님은 이스라엘의 수도 사마리아와 유다의 수도 예루살렘에 내릴 심판을 선언하신다. 미가는 죄와 불의에 대한 정죄와 심판을 예언한다.

사마리아는 짓밟힐 것이다. 예루살렘은 멸망할 것이다. '작별의 예물', 곧 신부가 아버지의 집을 떠날 때 주는 예물, 유다의 운명을 예언한다. 도성의 모든 사람들이 포로로 끌려 갈 것이다. 그것은 그들이 밭과 집들을 탐하며, 산업을 강탈하고 친지를 속이며, 거짓 신들을 믿어 불의와 부정을 만연시켰기 때문이다.

통치자들은 권력을 남용하고 부정을 저지르며, 예언자들은 거짓을 일삼고, 백성들이 듣고 싶어하는 것만 말한다. 그 대가로 먹을 것을 얻고 있다. 지도자들은 잔인하고 피 흘리기를 좋아하며 부패했다. 제사장들은 진리보다는 돈에 관심이 많다. 그들은 백성들을 자기들과 같은 길로 끌고 간다. 이렇게 유다와 이스라엘의 위기를 초래하고 있었다.

▶ 새 이스라엘과 새 왕 4:1~5:15

미가는 여호와께서 이루실 이상적인 사회를 예견한다. 하나님의 율법을 순종하는 새로운 도성이다. 환상적인 본문은 하나님을 경외하고 순종하면 그런 세상이 이루어진다고 말한다.

모든 나라 사람들이 함께 예배하고, 모든 무리가 칼을 쳐서 보습을 만들고 창을 쳐서 낫을 만들어 서로 치지 않는 사회이다. 발을 저는 자, 추방된 자, 슬퍼하는 자가 거기서 환영을 받게 될 것이다. 그분이 이루실 평화로운 곳이다.

이 온전함과 안식이 있는 사회는, 한 권능의 왕이 다스릴 것이다. 미가는 감히 유다 족속 중 가장 작은 베들레헴에서 이스라엘을 다스릴 자가 나올 것이라고 예고한다. 그가 여호와의 능력과 위엄 위에 서서 다스릴 것이니, 그들이 그곳에 거주할 것이다. 이제 그가 창대하여 땅 끝까지 미치리라고 예고한다.

▶ 이스라엘과의 변론 6:1~7:7

미가는 너희는 여호와의 변론을 들으라고 말한다. 하나님은 이스라엘 백성들이 그들의 역사를 다시 생각하게 하신다. 언덕과 산들이 영원히 서 있으면서 일어난 일들을 다 지켜보고 계신다.

이스라엘은 자신들의 행동에 대해 변호할 기회를 얻는다. 그러나 하나님은 그들의 입에서 나오는 말을 원하지 않으신다. "여호와께서 구하는 것은 오직 정의를 행하며 인자를 사랑하며 겸손하게 네 하나님과 함께 행하는 것이 아니냐". 선지자 미가는 재차 임박한 심판에 대해 경고한다.

7장은 이스라엘의 부패와 타락한 사회상을 그린다. 경건한 자가 세상에서 끊어졌고, 정직한 자가 없다. 범죄를 저지를 때는 서로 결합하고, 가족은 서로 미워하고, 친한 친구와 사랑하는 사람들도 신뢰할 수 없다. 사람의 원수가 곧 집안사람이다.

▶ 구원의 하나님 7:8~20

그러나 이런 부패하고 타락한 사회 가운데서 미가는 희망을 기다린다. "마침내 주께서 나를 위하여 논쟁하시고 심판하시며 주께서 나를 인도하사 광명에 이르게 하시리니 내가 그의 공의를 보리로다". 성벽은 재건될 것이며, 백성들을 다시 푸른 초장으로 이끄실 것이다. 미가는 백성들의 귀향을 위해 하나님께 기도한다.

이 책은 하나님의 구원에 대한 약속, 곧 여호와께서 이스라엘을 용서하시고, 자신이 징계하신 백성을 긍휼로 돌보실 것임을 확신하게 하는 한 편의 시로 끝을 맺는다.

나훔

여호와는 노하기를 더디하시며
권능이 크시며 벌 받을 자를 결코
내버려두지 아니하시느니라

소선지서 가운데 일곱 번째 책으로, 선지자 나훔이 저자이다. 기록 연대는
B.C.7세기경으로 추정되며, 엘고스 사람 나훔이 하나님께로부터 받은 계시를 기
록한 책이다. 나훔은 유다를 위협하는 앗수르제국의 수도 니느웨의 멸망을 예언
한다.

앗수르는 에살핫돈과 그의 아들 앗수르바니팔 치하에서 가장 넓은 영토를 확보한 나라였다. 그러나 바벨론과 메대라는 나라가 세력을 키워 앗수르를 무너뜨리고 만다. 니느웨는 B.C.633년에 포위되었다가 612년에 함락된다. 포위당한 황제는 왕궁에 불을 질러 모든 처첩들과 함께 불에 타 죽었다. 나훔의 예언대로 앗수르는 멸절되고 만다.

▶ 여호와의 진노 1:1~15

나훔서의 시작은 하나님이 어떤 분이신가에 대한 묵상이다. 여호와를 거스르는 자에게는 보복하시며, 대적하는 자에게는 진노를 품으신다. 여호와는 노하기를 더디하시며 권능이 크시나, 또한 벌받을 자를 결코 내버려두지 아니하시는 분이다. 앗수르는 여호와께 악을 꾀하는 자, 사악한 것을 권하는 자로 찍히어, 무서운 홍수처럼 진멸하신다고 예언한다. 남김없이 파괴되고 잊혀질 것이다.

15절에서는 유다 백성에게 아름다운 소식과 화평을 전하는 소망의 메시지를 전한다.

▶ 니느웨의 멸망 2:1~3:19

한마디로 앗수르에 대한 '조롱의 노래'로 볼 수 있다. 두 편으로 구성된 이 시는 니느웨의 멸망을 예고한다. 여호와께서 보내신 하나님의 용사들이 니느웨 성을 파괴하고 약탈하는 모습을 사실적으로 묘사한다. 10~12절에는 사자 굴로 비유된 니느웨성의 황폐함이 묘사되며, 13절에는 성 주민들에 대한 여호와의 심판의 계시가 산문 형식으로 선포된다.

3장은 '화 있을진저'로 시작되는 '피의 도성'에 대한 계시이다. 니느웨는 그 위엄이 땅에 떨어진 왕비로 표현된다. 끌려가면서 사람들 앞에서 모욕을 당하는 왕비이다. 그의 치마가 들춰져 치욕스럽게도 벗은 몸이 그대로 드러나 버린다.

니느웨의 요새는 끄떡없어 보인다. 그러나 요새는 쉽게 무너진다. "네 상처는 고칠 수 없고 네 부상은 중하도다". 하나님은 그분의 말씀에 대해 진실하시다. 붕괴 후 수백 년 만에 니느웨는 모래에 덮인 유적더미로 발견되었다.

하나님께서는 나훔을 통해, 오랫동안 앗수르로 말미암아 고통을 받아온 유다 백성들에게 위로를 전하게 하셨다. 더 이상 앗수르가 유다를 괴롭히지 못할 것이니 계속 하나님을 향한 신앙을 굳게 지키라고 나훔은 격려한다.

본래 예루살렘을 향한 여호와의 심판 예언이 2차적으로 니느웨 멸망 예언으로 바뀐 것이 나훔서라고 한다. 그렇다면, 나훔은 흔히 '제사의식 선지자'라고 불렸는데 단순히 구원을 고하는 제사의식적인 선지자는 아닌 것 같다.

젊은이를 위해
요약한 구약성경 이야기

주 여호와는 나의 힘이시라
나의 발을 사슴과 같게 하사
나를 나의 높은 곳으로 다니게 하시리로다
이 노래는 지휘하는 사람을 위하여
내 수금에 맞춘 것이니라

소선지서 가운데 여덟 번째 책으로, 저자는 하박국이며, 기록 연대는 B.C.600년경이다. 선지자 하박국은 바벨론이 유다를 침공하고 예루살렘을 공격할 것이라고 예고한다. 이 책은 하나님과 하박국의 대화이다.

▶ 첫 번째 대화 1:3~11

하박국은 국내에서 일어나는 겁탈과 강포, 패역과 죄악을 눈으로 보게 하시는 하나님께 슬퍼하며 호소한다. 그리고 질문한다. "왜 이런 일을 허락하신 것입니까?"

여호와께서는 즉각 대답하신다. 내가 사납고 성급한 갈대아 사람을 보낼 것이다. 바벨론 사람들이 오고 있다. 피 흘리기를 좋아하고 부정과 부패를 일삼는 유다 백성들을 정의롭게 처리하기 위해, 보다 더 잔혹한 바벨론 사람들을 파병할 것이다. 신흥 바벨론의 부상은 유다 왕국의 멸망을 가져오는 신호이다.

▶ 두 번째 대화 1:12~2:20

선지자 하박국이 두 번째 질문을 한다. 바벨론 사람들은 유다인들보다 더 악한 자들입니다. 어떻게 그들로 하여금 이 나라를 삼키도록 허락하신단 말입니까? 어찌하여 방관하시며 잠잠하십니까? 망대에 서서 안타깝게 기다리고 있는 하박국은 또 다른 하나님의 응답을 받는다.

교만한 자는 패망하나 의로운 자는 승리할 것이다. 하박국은 여호와의 묵시를 기록하며, 바벨론의 범죄를 열거한다. 그들은 거만하고 사나운 욕심으로 세계를 움켜쥐려 한다. 훔치며 속이며 죽인다. 이웃의 모든 것을 강탈하고, 거짓 신들을 숭배한다. 바벨론은 보응을 받을 것이다. 하박국은 '화 있을진저'라고 하는 5개의 경고로 구성된, 갈대아 사람을 향한 조롱의 노래를 내놓는다.

▶ 하박국의 기도 3:1~19

하박국은 하나님께 찬양의 기도를 올려 화답한다. 이 기도는 후
대 사람들이 노래로 불렀을 것이다. 갈대아 사람들에게 당할 멸망
을 예언하면서도 하박국은 하나님의 권능으로 마침내 정의가 이루
어질 것을 굳게 믿는다. "여호와로 말미암아 즐거우며 나의 구원의
하나님으로 말미암아 기뻐하리로다"라고 끝맺는다.

스
바
냐

여호와의 규례를 지키는 세상의 모든 겸손한 자들아
너희는 여호와를 찾으며 공의와 겸손을 구하라 너희가
혹시 여호와의 분노의 날에 숨김을 얻으리라

소선지서 가운데 아홉 번째 책으로, 유다 왕 히스기야의 현손 스바냐가 요시야
왕(B.C.630년경) 치하 전반기에 행한 예언이다.

종교개혁으로 유명한 요시야 왕 초기에 선지자 스바냐는 유다에서 행해지는 이교 제사 때문에, 백성에게 내리실 하나님 여호와의 심판을 예고하였다. 그의 긴 족보를 미루어 왕가의 혈통임을 알 수 있다. 그는 왕국시대 마지막 소선지자이다.

▶ 유다의 심판 1:1~2:3

선지자는 인류에게 임할 파멸이 다가왔음을 선언하였다. 땅 위에서 모든 것을 진멸하리라 하신 여호와의 말씀에 따라 먼저 유다의 심판을 묵시적인 언어로 선포한다. 별들을 경배하는 자들과 바알을 예배하는 자들은 설사 하나님께 충성을 다짐한다 해도 다 휩쓸려 사라질 것이다.

'그날에 어문에서 부르짖는 소리가 들린다.' '그들의 재물이 노략되며 그들의 집이 황폐할 것이라.' '그날은 분노의 날이요 환난과 고통의 날이요 황폐와 패망의 날이라'고 말한다. 그는 또 "그들의 피는 쏟아져서 티끌 같이 되며 그들의 살은 분토 같이 될지라"라고 말한다. 실로 살점과 피가 튀는 생생한 묘사이다.

선지자는 또 외친다. 여호와의 분노의 날이 너희에게 이르기 전에, 여호와를 찾으라고 한다. "여호와의 규례를 지키는 세상의 모든 자들아 공의와 겸손을 구하라 너희가 혹시 여호와의 분노의 날에 숨김을 얻으리라."

▶ 열방에 대한 벌 2:4~3:7

유다뿐만이 아니다. 하나님의 심판은 유다의 이웃 나라들에게도 내린다. 곧 블레셋은 파멸하여 주민이 없게 되며, 모압과 암몬은 고난을 당할 것이다. 앗수르는 무너질 것이며, 니느웨는 황폐하여 돌무더기가 될 것이다.

선지자 스바냐는 다시 예루살렘으로 돌아온다. 여전히 패역하고 더러운 곳, 황폐한 성읍을 보고 그는 "화 있을 진저"라고 통탄한다. "내가 형벌을 내리기로 정하기는 하였지만 너의 거처가 끊어지지 아니하리라 하였으나 그들이 부지런히 그들의 모든 행위를 더럽게 하였느니라". 스바냐는 하나님을 경외하고 그 교훈을 받으라고 간곡히 말한다.

▶ 여호와의 날 3:8~20

스바냐는 '여호와의 날'이라는 말에 초점을 맞춘다. 유대인들은 이날에 자기들이 권력을 장악하게 될 것이라고 안이하게 생각한다. 그러나 스바냐는 유다와 예루살렘이 심판받는 날이 바로 여호와의 날이라고 말한다.

여호와는 '내가 일어나 벌할 날까지 나를 기다리라'고 말씀하신다. "내가 곤고하고 가난한 백성을 네 가운데 남겨 두리니 그들이 여호와의 이름을 의탁하여 보호를 받을지라"라고 하며 그들을 중심으로 한 이스라엘의 구원을 말한다. "그 때는 여러 백성의 입술도 깨끗해져서 여호와의 이름을 부르며 섬기게 하겠다". "악한 일을 행하지 않으며, 거짓말도 안하며, 거짓된 혀를 놀리지 않는 자들은 안전하게 먹고 잘 것이다"라고 말한다.

젊은이를 위해
요약한 구약성경 이야기

스바냐는 하나님과 그분의 백성이 즐겁게 노래하며 기뻐하는 놀라운 축제의 시간이 올 것이라고 말한다. "너의 하나님 여호와가 너의 가운데에 계시니 그는 구원을 베푸실 전능자이시라 그가 너로 말미암아 기쁨을 이기지 못하시며 너를 잠잠히 사랑하시며 너로 말미암아 즐거이 부르며 기뻐하시리라".

스바냐는 소망의 메시지로 끝을 맺는다. '다리를 저는 자를 구원하고, 쫓겨난 자를 모으며 온 세상에서 수욕 받는 자에게 칭찬과 명성을 얻게 하리라'. 여호와의 날은 심판의 날이다. 그러나 이 날은 온전함과 평화의 영광스러운 축제의 날이기도 하다.

그러나 여호와가 이르노라 스룹바벨아
스스로 굳세게 할지어다
여호사닥의 아들 대제사장 여호수아야
스스로 굳게 할지어다
여호와의 말이니라
이 땅 모든 백성아 스스로 굳세게 하여 일할지어다
내가 너희와 함께 하노라 만군의 여호와의 말이니라

- -

소선지서 가운데 열 번째 책으로, 선지자 학개가 저자이다. B.C.520년 성전을
건축하라는 여호와의 말씀이 학개에게 임하여 귀환민에게 성전 건축을 촉구하는
기록이다.

바벨론이 고레스 대왕에게 패하여 유다 백성들은 예루살렘으로 돌아왔다. 그것은 제2의 출애굽이었다. 그러나 해방된 지 20년이 지나도록 백성들은 먹고 사는 것이 큰 과제였다. 백성들은 하나님이 다시 그들과 함께 하시고 그들에게 복을 내려주실 이 땅에서, 봉헌할 성전 재건은 뒷전으로 미루었다. 이스라엘은 우선순위를 망각한 것이다. 이 예언들은 산문으로 기록되었다.

▶ 먼저 하나님께 영광을 1:1~15

페르시아 다리오 왕 제2년에 여호와의 말씀이 학개에게 임하여 그는 성전 재건을 강력히 촉구한다. 선지자 학개로 말미암아 여호와의 말씀이 유다 총독 스룹바벨과 대제사장 여호수아에게 임하여 성전 재건이 시작된다. 학개의 네 가지 예언은 넉 달에 걸쳐 일어났다.

선지자는 사람들이 자기 집을 짓는 데 더 관심을 기울였다고 책망한다. 그들은 개인의 주택은 짓고 성전은 방치한 채 중단했다. 그는 지금의 가뭄과 실패한 농사, 경제적 재난은 여호와의 불편한 심기의 발로라고 말한다. 먼저 성전 재건을 했어야 한다고 일갈한다.

스룹바벨과 여호수아와 백성들은 선지자 학개의 이 충격적인 말에 귀를 기울였다. 여호와께서 그들 모두의 마음을 감동시키사 성전 공사가 시작된 것이다.

▶ 영광의 약속 2:1~9

학개의 두 번째 예언은 한 달 후에 있었다. 그것은 백성들의 열정이 식었기 때문이다. 쌓아 놓은 돌덩이와 자재들을 보고 그들은 어찌 이것이 성전이라고 할 수 있는가? 어찌 솔로몬 시대의 찬란한 성전을 꿈꿀 수 있는가? 그들은 좌절하고 실의에 빠졌을 것이다. 그러나 학개는 만군의 여호와가 "이 땅 모든 백성아 스스로를 굳세게 하여 일할지어다 내가 너희와 함께 하노라", "이 성전의 영광이 이전 영광보다 크리라"라고 약속하신다고 격려한다.

▶ 축복의 약속 2:10~23

두 달 후 학개는 같은 날 두 가지 예언을 한다. 선지자는 제사장들에게 의식적인 결정에 대해 물어 보라는 말씀을 하나님께로부터 받는다. 죄로부터 오는 오염을 떠나 거룩하라는 말씀이다. 학개가 말하는 '부정한' 요소들이 무엇인지 불확실하나, 백성들에게 오염과 타락을 피하고 거룩하라고 권면한다. 이것이 첫째 예언이다. 그리고 하나님께서는 "오늘부터는 내가 너희에게 복을 주리라"라고 말씀하신다고 고한다.

같은 날 둘째 예언이 있었는데, 그것은 스룹바벨을 위한 것이다. 총독 스룹바벨에게 어떤 복을 주실 것인지를 말한다. 하나님은 기존의 모든 질서를 파괴할 것이며, '택함을 받은' 스룹바벨은 다윗 계통의 회복과 메시아 왕국의 도래를 상징하는 '인장 반지'처럼 높임을 받게 되리라고 예언한다.

젊은이를 위해
요약한 구약성경 이야기

여호와의 말씀이 스가랴에게 임하여 이르시되
만군의 여호와가 이같이 말하여 이르시기를 너희는
진실한 재판을 행하며 서로 인애와 긍휼을 베풀며

소선지서 가운데 열한 번째 책으로, 잇도의 손자이며 베레갸의 아들 스가랴가
저자이다. B.C.520~518년에 활약한 선지자 스가랴의 이상과 예언을 보존한 책
이다.

학개와 같은 시대 사람인 스가랴의 사역은 바벨론 포로기 후, 귀환한 백성들의 상태와 예루살렘 성전 재건의 필요성에 초점을 맞추었다. 스가랴는 B.C.520년 10월 중순 경 첫 환상을 본다. 그리고 518년까지 약 두 해 동안 활동한다. 스가랴서만큼 해석하기 어려운 성경도 드문 것 같다.

첫 번째 메시지

▶ 여호와께로 돌아가자 1:1~6

다리오 왕 제2년 8개월 되던 때, 스가랴는 두 차례에 걸친 환상으로 하나님의 계시를 받아 이를 선포한다. 대제사장 여호수아를 징계하고, 스룹바벨에게 하나님의 약속을 말하라는 계시이다. 또 백성들에게 회개를 촉구하고 조상들을 본받지 말라고 경고한다.

두 번째 메시지

▶ 여덟 가지 이상 1:7~6:8

스가랴는 그 후 3개월 만에 두 번째 메시지를 받는다. B.C.519년 2월 15일, 성전의 모퉁이돌이 놓인 지 두 달째이다. 이것은 악몽과 같은 8개의 이상으로 이루어졌다.

1. 말을 탄 사자들 1:8~17

선지자는 말을 타고 땅을 순찰하는 여호와의 사자들을 본다. 붉은 말을 탄 자가 지도자이다. 평안하고 풍요롭게 지내는 다른 여러 나라들을 보시며, 여호와께서 불쌍히 여겨 예루살렘을 넘치도록 다시 풍부하게 하실 것이다. 그는 예루살렘 회복의 약속을 예언하였다.

2. 네 뿔과 네 대장장이 1:18~21

두 번째 이상에서 네 뿔은 이스라엘을 압박해 온 강대국을 상징한다. 앗시리아, 바벨론, 이집트, 메대 페르시아를 이른다. 네 뿔은 네 명의 대장장이의 손에 부수어진다. 예루살렘 재건에 방해가 없음을 나타내는 뜻이다.

3. 척량줄 2:1~13

척량줄을 잡은 사람이 예루살렘을 측량하러 나오는 것이 세 번째 이상이다. 그러나 그 도성은 측량하기에 너무 넓다. 하나님은 이 도성에 경계가 없을 만큼 크게 해 주실 것이다. 불로 둘러싼 성곽이 되어 주시고 그 가운데서 영광이 되실 것이다. 그분은 유배지에서 자기 백성을 불러내시고, 모든 나라들이 그분 앞으로 나아오는 미래를 본다.

4. 천사 앞에 선 여호수아 3:1~10

대제사장 여호수아는 여호와의 천사 앞에 섰고 사탄은 그의

오른쪽에 서 있다. 여호수아는 더러운 옷을 입고 있다. 여호
와께서 그 옷을 벗기라 하시고 아름다운 옷을 입히고, 정결
한 관을 머리에 씌우게 하셨다. 그는 회복된 공동체의 종교적
책임을 맡게 된다. "네가 만일 내 도를 행하며 내 규례를 지
키면 네가 내 집을 다스릴 것이요 내 뜰을 지키게 하리라"라
고 하셨다. 스가랴의 이 이상은 앞으로 일어날 상징인 한 '싹'
을 나게 하여, 이 땅의 죄악을 하루에 제거하실 것이라고 예
고한다.

5. 등잔대와 감람나무 4:1~14

천사가 깨워서 일어난 스가랴는 등잔대 일곱을 본다. 순금
등잔대 위에 기름 그릇이 있고, 그 위에 일곱 등잔이 있는데
일곱 개의 관이 기름을 흐르게 하고 있다. 등잔대 곁에는 감
람나무가 양쪽에 있다.

천사가 말하기를 스룹바벨에게 말씀하신 대로 지금 이루고
있는 일은 힘으로 되지 않으며, 오직 하나님의 영으로 이루어
진다. 두 감람나무는 기름부음을 받은 자 여호수아와 스룹
바벨을 가리키며, 스룹바벨의 손이 성전의 기초를 놓았으니
그의 손이 또한 그 일을 마치리라고 말하였다.

6. 날아가는 두루마리 5:1~4

스가랴는 또 거대한 두루마리를 본다. 그것은 펼쳐진 채 공
중을 날아다닌다. 두루마리는 도둑질하는 자나 망령되이 맹

세하는 자의 집에 머무르며 그 집을 불사르리라고 하신다.

7. 에바 속의 여인 5:5~11
에바(조롱) 가운데 한 여인이 앉아 있었다. 그들의 죄를 의인화하여 바벨론으로 보냄으로써 완결될 유다가 정결케 됨을 선포한다.

8. 네 개의 병거 6:1~8
마지막 이상은 스가랴가 맨 처음 이상에서 본 말 탄 사람들의 모는 병거를 상기시킨다. 병거들은 청동으로 된 산 사이에서 나온다. 하나님의 권능으로 나와 온 세상을 정복할 것이다. 아무도 그들을 막을 수 없다. 악으로 가득 찬 북방의 바벨론 땅은 물론, 메시아 시대의 도래를 준비하면서 정복한다.

여호수아의 대관

6장 9절에서 여호와의 말씀이 스가랴에게 임하여, 가서 대제사장 여호수아에게 왕관을 씌우라는 명령이 주어진다. 그 후 몇 가지 환상을 본다. 네 번째 환상에서, 이 사람은 현재의 대제사장이 아니라는 환상 역시 미래를 지향한 것이다. '보라 싹이라 이름하는 사람이 자기 곳에서 돋아나서'란, 메시아 시대에 관한 일련의 예언을 담고 있다. 그는 아주 먼 앞날을 내다본 것이다.

세 번째 메시지

▶ 참된 예배 7:1~8:23

벧엘 사람들이 스가랴에게 와서 금식에 대해 물었다. 만군의 여호와께서 스가랴에게 임하시어 '온 땅의 백성과 제사장들에게 이르라'고 말씀하신다. 그는 금식보다는 청종을 원하시며, 옛 선지자들이 되풀이했던, 진정한 종교생활이 어떤 것인지 상기시켜준다.

또 스가랴는 종교 의식(儀式)에 대한 관심보다는 진실한 재판을 행하며 피차에 인애와 긍휼을 베풀라고 전한다. 공동체를 위한 윤리적인 사랑의 실천을 강조하였다. 스가랴는 예루살렘이 진리의 성읍이 되어 참된 평화가 올 것이라고 말한다. 사람들이 안전하고 편안하게 늙을 수 있고, 아이들이 거리에서 뛰노는 곳이 될 것이다. 곧 평강의 씨앗을 얻을 것이며, 포도나무 열매와 땅의 산물과 하늘의 이슬을 내리사 백성으로 하여금 모든 것을 누리게 하실 것이라고 말한다.

하나님의 구원

▶ 구원의 시대 9:1~11:3

스가랴는 예루살렘을 중심으로 한, 재생 이스라엘 구원의 시대가 도래할 것을 예고한다. 9장부터는 흔히 제2 스가랴라고 불리며, 당긴 활과 끼운 화살로 헬라를 치게 하여, 구원을 예언하는 모음집이다.

마지막 장들은 시적이며 산문적인 예언인데 연대는 기록되지 않았다.

여기서는 이스라엘의 회복, 곧 이스라엘에 대해 적대적인 사람들의 굴복, 하나님의 흩어진 백성들의 집합, 자연과 역사에 대한 하나님의 주권에 초점을 맞추었다.

스가랴는 미래의 왕 메시아의 오심을 기뻐한다. 그는 공의롭고, 구원을 베푸시나 겸손하여 나귀를 타고 오신다. 갇힌 자를 풀어주고, 가뭄을 해소하고, 유배지로부터 불러 모아 구원하실 것이다. 이제 하나님은 그들을 이끌 새로운 지도자들을 일으키실 것이다.

▶ 목자들과 부러진 막대기 11:4~17

스가랴는 잡혀 죽을 양 떼를 먹이라는 명을 받고 목자가 된다. 양떼는 이스라엘이다. 그는 선한 목자로서 나쁜 지도자를 물리친다. 이것은 호세아와 에스겔이 그랬던 것처럼 '행동으로 하는 예언'일 수 있다. 그리고 '은총'과 '연합'이라는 두 막대기로 양떼를 친다. 그러나 양 떼는 그를 배척한다. 백성들은 선한 목자를 거절하고, 그들의 궁핍에 대해 전혀 관심이 없는 악한 목자를 따른다. 스가랴는 그들 조상들이 해온 짓을 되풀이하지 말라고 호소한다. 그러면서 백성들은 하나님의 이끄심을 거절할 것이고 그 눈으로 분열과 파괴를 보게 될 것이라고 말한다.

▶ 선한 목자 12:1~13~9

어두운 예언이 이어지고 이해하기 어려운 말들이 나온다. 스가랴는 예루살렘이 끝내는 포위되겠으나, 하나님의 백성들로 하여금 물리치게 하시어 보존될 것이라고 말한다. 이것은 열국들이 예루살렘에 대한 최종적인 공격 중에 멸망하게 될 때 임할 여호와의 날과 우상숭배가 없는 예루살렘에 관한 예언이다. "그들이 그 찌른 바 그를 바라보고 그를 위하여 애통하듯 하며 그를 위하여 통곡하듯 하리라"라고 하신 대로 예루살렘에 큰 애통이 있을 것을 예고한다. 온 땅 각 족속이 따로 애통할 것이며, 그의 죽음은 더러움을 씻는 샘이 된다. 그 샘은 다윗 족속과 예루살렘 주민을 위해 열릴 것이라고 말한다. 예수님의 모습을 볼 수 있다.

또 선한 목자를 치라는 명령을 받는다. 흩어진 양 떼들, 선민들은 재정비될 것이다. '불 가운데 던져 연단하며 금 같이 시험할 것이라'고 하신다. '그 때 그들은 내 이름을 부르리니 내가 이는 내 백성이라 할 것이라'고 하신다고 말한다.

▶ 최후의 승리 14:1~21

여호와의 날이 이르리라는 광경이 펼쳐진다. 예루살렘이 함락되어 약탈과 사로잡혀감과 여인들이 강간당하며 모든 것이 파괴되는 일들이다. 이 참혹한 일들이 벌어지는 가운데 새로운 삶의 환상들이 나타난다. 예루살렘으로부터 강물이 솟아나 동으로 서로 사시사철 흐를 것이다. 여호와께서 천하의 왕이 되시며 온 백성이 그분

젊은이를 위해
요약한 구약성경 이야기

을 예배한다. 그리고 예루살렘을 친 이방 나라 백성에게 내리실 재 앙을 보여준다.

마침내 예루살렘의 모든 것들은 성결하게 될 것이다. "다시는 저 주가 있지 아니하리니 예루살렘이 평안히 서리로다" 하신다. 그리고 이방 나라들 중에 남은 자가 해마다 올라와서 그 왕 만군의 여호와께 경배하며 초막절을 지킬 것이라 말한다. 온 세계가 하나님을 예배하고 만물이 거룩하게 된다. 여호와는 그들을 구원하실 분을 약속하신다. '화평'의 왕으로 표현된 그는 또한 죽임을 당하게 될 목자로 묘사되었다, 스가랴는 그 왕이 나귀를 타신다고 말했다. 바로 예수님의 행적을 예고한 것이다.

말
라
기

내 이름을 경외하는 너희에게는 공의로운 해가
떠올라서 치료하는 광선을 비추리니 너희가 나가서
외양간에서 나온 송아지 같이 뛰리라

소선지서 가운데 열두 번째 책이자, 구약성경의 마지막 책이다. 저자는 마지
막 선지자로 알려지는 말라기이다. 기록 연대는 B.C.433년 이후일 것으로 보인다.
B.C.515년 예루살렘 제2성전 완성 후, 종교적 회의, 부패한 제사의식을 불식하
고 하나님의 법도를 따르라고 백성에게 호소한 선지자의 말이다.

▶ 이스라엘을 향한 하나님의 사랑 1:1~5

말라기를 통해 이스라엘에게 말씀하신 경고이다. 하나님은 지금도 이스라엘을 사랑하신다. 에서 대신 야곱을 사랑하셨고, 에서의 산들을 황폐하게 하셨으며, 그의 산업을 광야의 이리들에게 넘기셨다. 이스라엘은 그분이 선택한 백성이며 장차 위대하게 하실 것이다.

▶ 제사장들에 대한 명령 1:6~2:9

제사장들은 하나님을 공경하지 않을 뿐 아니라, 자신들의 책임이 무엇인지도 모른다. 해야 할 일을 번거롭게 여기며 더러운 떡과 훔친 물건과 저는 것, 병든 것을 봉헌물로 가져오니 저주를 받을 것이라고 말씀하신다. 하나님은 분노하시어, 제물로 가져온 동물의 분뇨를 그들 얼굴에 바르시고, 그들은 그것들과 함께 버림을 받을 것이라고 하신다.

또한 그들은 백성들에게 하나님의 율법을 그릇되게 가르쳐 많은 사람들을 넘어지게 만들었다. 내 이름을 영화롭게 하라고 명령하신다.

▶ 거짓을 행하는 유다 2:10~16

말라기는, 한 분이신 하나님께서 지으신 바 된 우리가 "자기 형제에게 거짓을 행하여 우리 조상들의 언약을 욕되게 하느냐"고 질책한다. 아내를 버리고 이방 여인들과 결혼하여 여호와의 성결을 욕되게 했던 죄악을 말한다. 그것은 처음 가진 하나님의 신앙을 버리고 이방신들을 따른 것을 지적하며, 삼가 심령을 지켜 거짓을 행하지 말라는 경고이다.

▶ 다가올 여호와의 심판 2:17~3:5

이스라엘 백성들은 "모든 악을 행하는 자는 여호와의 눈에 좋게 보이며 그에게 기쁨이 된다 하며 또 말하기를 정의의 하나님이 어디 계시냐"는 말로 여호와를 괴롭히고 있다고 선지자는 책망한다.

그러나 하나님의 사자가 나타나 심판의 날을 위해 미리 준비하실 것이며, 심판함으로써 여호와의 백성을 정결하게 하실 것이라고 말한다.

▶ 십일조 3:7~12

선지자는 온전한 십일조를 바치지 않으므로 하나님의 것을 도둑질하는 이스라엘을 향해 회개하라고 명한다. 그들의 속임과 성의 없는 예배가 저주를 받는다고 말한다. 회개하면 다시 이스라엘은 복되고 아름다운 땅이 될 것이다. 여호와께서는 "내게로 돌아오라, 그리하면 나도 너희에게로 돌아가리라"라고 간곡히 말씀하신다.

▶ 징벌과 보상 3:13~4:6

선지자는 하나님을 섬기는 것이 헛되다고 말하는 악한 자들에게는 극렬한 심판이 임할 것이며, 여호와를 두려워하며 그 이름을 귀하게 여기는 자들은 귀하게 여김을 받을 것이라고 말한다. 그리고 "내 이름을 경외하는 너희에게는 공의로운 해가 떠올라서 치료하는 광선을 비추리니 너희가 나가서 외양간에서 나온 송아지 같이

젊은이를 위해
요약한 구약성경 이야기

뛰리라"는 여호와의 말씀을 전한다.

말라기서는 "내 종 모세에게 명령한 법 곧 율례와 법도를 기억하라"는 명령과 '여호와의 용광로 불같은 날'을 예비하기 위해 선지자 엘리야를 보내시리라는 말씀으로 끝을 맺는다. 이 사상은 여호와의 길을 예비할 선구자인 '내 사자'의 개념이다. 엘리야는 주의 길을 곧게 하라고 광야에서 외치는 자의 소리인 세례요한을 가리키는 것 같다.